新时代新理念职业教育教材·铁道运输类
行业紧缺人才、关键岗位从业人员培训教材
“课程思政”建设探索教材

铁道机车车辆

主　编　蒋玉宝　兰云飞
副主编　张远翔　崔惠珊　宋婷婷

北京交通大学出版社
·北京·

内 容 简 介

本书是在高等职业教育教学改革精神的指引下，由高校教师与企业专家联合编写的校企合作教材。本书系统、全面地介绍了铁道机车车辆的相关知识。本书共分 3 个项目，分别为认识铁道车辆、认识铁道机车、认识动车组。

本书体系完整，精练实用，图文并茂，内容难度与职业岗位要求相契合，适合作为高等职业教育、中等职业教育、技师教育铁道运输类专业的教材，也可供相关工程技术人员参考。

图书在版编目（CIP）数据

铁道机车车辆 / 蒋玉宝，兰云飞主编. —北京：北京交通大学出版社，2023.7
ISBN 978-7-5121-5035-5

Ⅰ. ① 铁… Ⅱ. ① 蒋… ② 兰… Ⅲ. ① 机车车辆 Ⅳ. ① U26

中国国家版本馆 CIP 数据核字（2023）第 123776 号

铁道机车车辆
TIEDAO JICHE CHELIANG

策划编辑：刘 辉 责任编辑：刘 辉
出版发行：北京交通大学出版社 电话：010-51686414 http://www.bjtup.com.cn
地 址：北京市海淀区高梁桥斜街 44 号 邮编：100044
印 刷 者：三河市华骏印务包装有限公司
经 销：全国新华书店
开 本：185 mm×260 mm 印张：10 字数：250 千字
版 印 次：2023 年 7 月第 1 版 2023 年 7 月第 1 次印刷
印 数：1～3 000 册 定价：45.80 元

本书如有质量问题，请向北京交通大学出版社质监组反映。对您的意见和批评，我们表示欢迎和感谢。
投诉电话：010-51686043，51686008；传真：010-62225406；E-mail：press@bjtu.edu.cn。

前言

本书由具有一线工作经验的高校教师，根据教育部发布的《高等职业学校专业教学标准》，结合铁路企业新技术、新规范、新设备和典型工作过程进行编写，符合职业教育教学和相关铁路职业岗位知识技能要求。

本书具有以下特色与创新之处：

（1）知识体系全面、系统，图文并茂，符合职业教育学生认知特点。

（2）注重校企合作，能够促进产教融合，内容体系按铁路工作岗位实际工作过程进行编排。

（3）严格依据《高等职业学校专业教学标准》进行编写，具有针对性和实用性，有效地提升了铁路机车车辆课程教学的标准化、规范化程度。

受限于编者的水平，本书不足之处在所难免，恳请广大读者批评、指正。反馈意见，索取相关教学资源，请与责任编辑刘辉联系（邮箱：hliu3@bjtu.edu.cn；QQ：39116920）。

编　者

2023 年 7 月

目录

项目 1

认识铁道车辆

任务 1.1　铁道车辆家族大探秘

任务描述

熟知铁道车辆的分类与各类型车辆的用途，以及国内外铁道车辆目前的发展状况。

学习目标

了解车辆分类（知识层面）；能从图片中识别车辆（技能层面）；把握我国铁路车辆在高速和重载两个方面的飞速发展（思政层面）。

全景思政

车体设计专家臧兰兰和她的劳模工作室：挚情“铁骨”让车体“减肥”

臧兰兰，满族，中共党员，中车大连机车车辆有限公司城铁开发部车体室主任，20 多年来主持完成了 10 多种轨道交通车辆车体的研发设计，获得全国劳动模范、全国五一巾帼奖章、中央企业优秀共产党员、火车头奖章等荣誉。女性细致入微的思维优势让臧兰兰能更多地站在旅客的角度去思考和设计，加上对行业技术方向的敏感性，她很快在年轻设计人员中脱颖而出，成为技术骨干。2003 年，臧兰兰和团队成员完成公司首列城市轨道车辆车体设计，实现了国内相关领域零的突破。车辆成功下线后，臧兰兰成为车体设计团队中的领头人，其浓墨重彩的设计篇章就此开启。

【敬业精神】

在公司首列不锈钢车体研制中，臧兰兰作为主力从零起步开始工作。3 年的历练让臧兰兰愈加成熟，也在团队中担起更为重要的角色。

车体材质的推陈出新，直接带来车体更新换代。不同的新材料有不同的设计理念，每当车体设计师面对一种新型材料，都像是被推到了新跑道的起点。2010 年，公司铝合金车体研制项目启动，臧兰兰带队进行项目的前期调研。8 月的南方，气温接近 40 ℃，调研途中，他们一行 5 人中的 3 人接连病倒，臧兰兰便承担了大量工作，坚持完成计划中所有的工作内容。借鉴他人成熟的技术经验只能学到皮毛，要想最终真正实现技术上的突破，就必须靠自己。铝合金车体的研发没有从国外公司引进技术，也没有依靠外部技术咨询公司的支持，臧兰兰和同事们自主创新，决心再次实现零的突破。起步初期困难重重，在进行车体静强度计算时，他们参考着别人的图纸，车体上一根简单的横梁要反复计算才能明白其功用。那段时间，臧兰兰把吃饭的时间都压缩了，回家总是在深夜。爱人出差时，孩子晚上一个人在家，而她不能离开设计室，就只能给孩子打一会儿电话，让孩子不害怕。臧兰兰的付出感染了身边的人，许多设计师主动要求加入臧兰兰的团队。

设计结构、仿真计算、优化方案，这样繁重、枯燥、重复的工作流程持续数年，臧兰兰始终带领着团队有条不紊地推进工作，进行型材选择设计、车体三维建模、车体静强度计算、焊缝疲劳分析，完成一系列复杂的设计和计算……终于，3 年后，首节 B 型铝合金车体静强度试验成功。得知技术数据达标那一刻，一向内敛的臧兰兰和现场的同事们一同欢呼雀跃起来。车辆进行线路运行试验多是在晚上，夜深人静，试验场地周围常常是荒野。每当车辆出现故障，臧兰兰总是身先士卒，趴在轨道上检查，再爬到近 4 m 高的车顶上排除故障。她说，表面上面不改色，其实自己心里也很害怕。

【创新精神】

臧兰兰待人温和、轻声细语，但只要面对专业技术问题，便会变得严厉。她对团队要求很高，对自身要求更是苛刻，持续自我学习提高，关注行业发展方向，保持超前设计思路，让技术创新成为一种惯性。在保证车体强度能实现安全运行的前提下，如何让轨道交通车辆变轻、更加节能环保，是车体设计师的追求。20 多年来，追求完美又永不满足的臧兰兰，为了给车体“减重”，不断应用新材料：碳钢车体、不锈钢车体、铝合金车体、镁合金车体……

采用新材料需要全套和系列的新设计方案同步配合，比如焊接方式要从弧焊改为点焊。随着连接关系的改变，设计方案全都要随之改变，每一个连接点、插口、加强筋等都需要进行大量的设计、计算、试验。

以前的碳钢车体一节 12 t，现在的铝合金车体一节 6 t，相当于车体减重 50%。车体的每一次成功“减肥”，都凝结着臧兰兰和团队的心血。持续自主创新，让中国的轨道交通车辆车体轻量化技术达到世界领先水平。臧兰兰先后主持完成了 10 多种轨道交通车辆车体的研发设计工作，她搭建的技术平台被应用到多个项目中，创造经济效益近 80 亿元。臧兰兰团队申请并获发明专利 6 项、实用新型专利 15 项，多个项目获辽宁省科学技术三等奖、大连市科技进步二等奖和三等奖。臧兰兰常说，光一个人能干不是真本事。车体室有 30 多名设计人员，年轻人占很大比例。在年轻设计师那里，细心、耐心的臧兰兰是“兰兰姐”。臧兰兰竭尽所能帮助每一个年轻人快速成长，最希望看到的就是青出于“兰”。

【工匠精神】

为了把年轻设计师尽快培养成才，臧兰兰组织经验丰富的资深设计师整理出设计笔记，方便年轻人学习，借鉴成功经验少走弯路。臧兰兰按专业特长合理分工，最大限度激发年轻设计师的潜能。她带领年轻设计师完成了大量国内外投标文件的编制，使公司编制的投标文件达到国内一流水平，还培养出一支年轻的团队，编写车间生产、车辆维保、业务培训等规范，让年轻设计师掌握现场实际，提升综合技能。在她的影响和带领下，一批批年轻的设计师成长为独当一面的中坚力量，她所在的团队荣获辽宁省 2017 年度企业“优秀创新团队”称号。

【行业精神】

为更好地发挥劳模的示范引领作用，公司创建了“臧兰兰劳模创新工作室”。2020 年，“臧兰兰劳模创新工作室”被评为“大连市示范性劳模工作室”。交通强国、铁路先行，作为轨道交通车辆车体专家，臧兰兰和团队正致力于车体新型材料的探索和车辆舒适度的研究，在科研之路上披荆斩棘，行稳致远，努力为人民群众描绘快捷美好的出行蓝图。二十余载专注车体设计，一次次实现零的突破，臧兰兰将全部心血付诸“铁骨”，在拼搏奋斗中尽显巾帼本色。

铁路车辆分为铁路货车、铁路客车两大类型。

一、铁路货车

1949年新中国成立后，完整的货车研究、设计和制造体系逐步建立起来。以车辆载重为划分依据，中国铁路货车发展主要经历了两个阶段，实现了三次大的升级换代。

第一阶段是从1949年至1998年的仿制及自主设计阶段。我国铁路货车技术取得了长足的进步，车辆轴重逐步从12 t发展到21 t，载重从30 t级发展到60 t级，构造速度达到了100 km/h，运营速度达到了70～80 km/h。

第二阶段是从1998年至2004年的技术引进、消化、吸收阶段。我国于1998年引进美国交叉支撑技术、2001年引进侧架摆动技术，分别研制了轴重21 t、商业运行速度120 km/h的转K2、转K4型转向架，同时自主研制了轴重21 t、商业运行速度120 km/h的转K3型焊接构架式转向架，使我国通用货车的商业运行速度提高到120 km/h。

第三阶段是从2004年至今的技术再创新阶段。2004年，我国吸收并创新交叉支撑和侧架摆动技术，研制了轴重25 t、商业运行速度120 km/h的转K5、转K6型转向架，同时，车辆用材料、制动、车钩缓冲技术得到了新的发展，实现了我国重载运输的新跨跃，通用货车载重由60 t级向70 t级全面升级换代，专用货车载重也达到了80 t级。通用重载货车牵引总吨位达到了6 000 t左右，大秦线已成功开行30 000 t以上重载列车。

中国铁路货车发展历程示意图如图1－1所示。

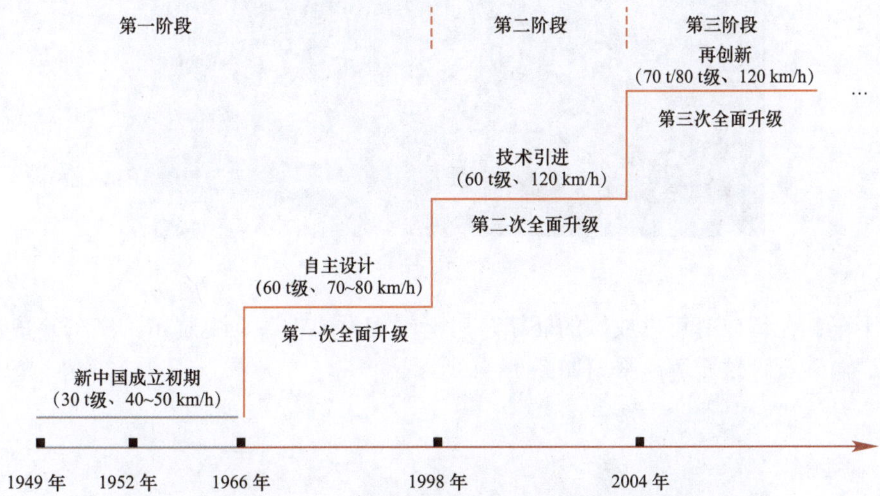

图1－1 中国铁路货车发展历程示意图

我国铁路货车运输的现状是客货车混跑、运能紧张，因此既要考虑提速，又要兼顾重载。通过提速改造，我国铁路货车运行速度达到了120 km/h，这大大提高了我国铁路货物运输的效率和经济效益，满足了我国铁路跨越式发展的要求。

铁路货车以运输货物为主。货物类型多则需要多种类型的车辆，铁路货车分为通用货车和专用货车两类。

1. 通用货车

（1）敞车：无盖，通用性最强。在底架四周有较高的端墙及侧墙，可装运散粒货物，也可装运木材、钢材，若加盖防水篷布，还可以运送怕湿的货物。敞车如图 1－2 所示。

图 1－2　敞车

（2）棚车：有盖的货车，能运送贵重、怕日晒雨淋的货物及大牲畜等，需要时也能运送兵员或者旅客。

棚车如图 1－3 所示。

图 1－3　棚车

（3）平车：无墙或有可以放倒的矮墙，可运输钢材、设备、集装箱、汽车等货物，能利用矮墙板运输矿石、砂石等。平车如图 1－4 所示。

图 1－4　平车

2. 专用货车

（1）保温车：装运易腐货物。车体设有隔热材料，车内有降温及加温设备，以调节货物保存所需的温度。保温车如图 1－5 所示。

图 1－5　保温车

（2）罐车：装运液体、液化气体及粉状货物，外形为一个卧放的圆筒。

由于不同货物在化学、物理性能上差异很大，一种罐车往往只能装运一种货物，所以罐车通用性很差。

罐车如图 1－6 所示。

图 1－6　罐车

二、铁路客车

铁路客车按用途可分为以下几类。

（1）硬座车：定员较多，舒适程度稍差。硬座车如图 1－7 所示。

(a) 车外　(b) 车内

图 1－7　硬座车

（2）软座车：定员较硬座车少，舒适程度较好。软座车如图 1-8 所示。

(a) 车外

(b) 车内

图 1-8　软座车

（3）硬卧车：硬席卧铺，采用开敞式隔间设计，每隔间 6 人。硬卧车如图 1-9 所示。

(a) 车外

(b) 过道

(c) 铺位

图 1-9　硬卧车

（4）软卧车：卧铺垫具有弹性，定员较硬卧少，采用封闭式隔间设计，每隔间 4 人。软卧车如图 1-10 所示。

(a) 车外

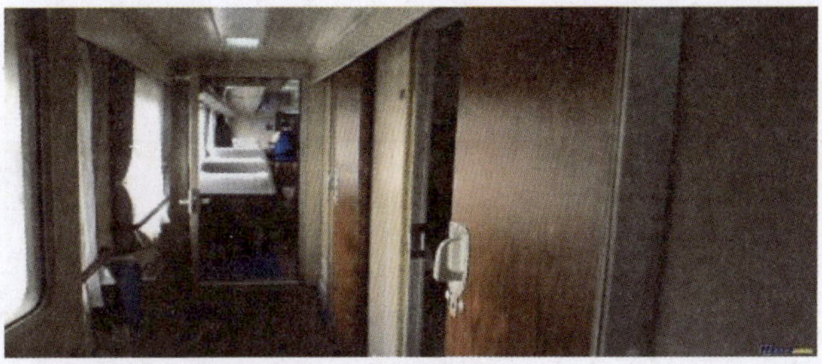

(b) 过道

(c) 铺位

图 1-10 软卧车

（5）餐车：厨房+餐厅（酒吧）。餐车如图 1-11 所示。

(a) 车外

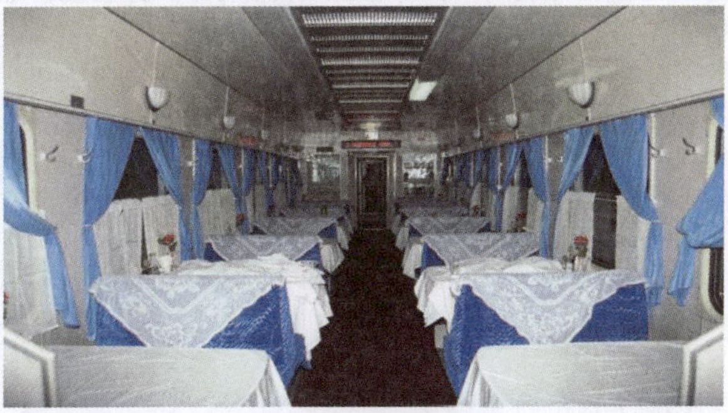

(b) 餐桌

(c) 吧台

图 1-11 餐车

任务实施

时间	任务	实施	说明
20 min	子任务 1　能够对铁路车辆进行准确分类	客车分类：＿＿＿＿＿＿ 货车分类：＿＿＿＿＿＿	从旅客运输与货物运输两个角度，对铁路车辆进行分类
20 min	子任务 2　看图识车	识别 5 种车辆	从教材中选取 5 种车辆，识别其名称，简述其功能
20 min	子任务 3　通过自身过往体验，谈谈车辆的用途	运输疫苗、海鲜的车辆： ＿＿＿＿＿＿＿＿＿＿ 旅客列车温度调节手段： ＿＿＿＿＿＿＿＿＿＿	结合相关资源与自身生活经历谈谈特殊车辆的用途

任务评价

类型	评价标准（打 √）	加、减分项（列举）	创新点（列举）
自我评价	A：□B：□C：□D：□	加分项：＿＿＿＿＿＿ 减分项：＿＿＿＿＿＿	
小组评价	A：□B：□C：□D：□	加分项：＿＿＿＿＿＿ 减分项：＿＿＿＿＿＿	

填表说明：A：85～100 分；B：70～84 分；C：60～69 分；D：<60 分。

加分项：在原有课程资源基础上，能拓展出新的知识与技能，能升华出劳动光荣、敬业精神、爱国主义、奉献社会、工匠精神、创新创业等意识。

减分项：比对教师的参考答案和其他组的结论，对部分知识点和基本技能的掌握有缺失。

创新点：在学习方法、学习技能、知识拓展、思维创新等方面有具体突破。

任务拓展

1. 熟悉铁路车辆新技术。
2. 了解跨国货运与客运列车。

任务 1.2 客货车车体——领略移动的“房子”

任务描述

熟悉铁路客货车车体的类型、客货车辆的组成、车辆各部件的材料、车辆各部件的结构。

学习目标

能够掌握铁路客车与铁路货车主型车辆的结构。

全景思政

挑战极限、勇创一流

2006 年 7 月 1 日，经过 13 万建设者 5 年艰苦卓绝的奋战，举世瞩目的青藏铁路全线通车运营。此时，距离 1958 年青藏铁路一期工程西宁至格尔木段开工已近 50 年。

在创造多项世界第一的同时，青藏铁路人以惊人的毅力和勇气战胜了各种难以想象的困难，用心血和汗水谱写了人类铁路发展史上的辉煌篇章，形成了“挑战极限、勇创一流”的青藏铁路精神，为后人留下了宝贵的精神财富。

【艰苦奋斗】

回想起当初一个月体重下降 20 kg 的经历，参与青藏铁路建设的中国中铁五局工人张鹏仍然心有余悸。作为木工班班长，张鹏来到昆仑山后，高原反应明显，头昏头痛，胸闷心慌，经常上火流鼻血，体重骤降，头发大把大把地掉。

这样的困难，在青藏铁路修建过程中比比皆是。青藏铁路是世界上海拔最高、线路最长的高原铁路，“多年冻土、高寒缺氧、生态脆弱”三大世界性难题，使其被称为“有史以来最困难的铁路工程项目”。

20 世纪 50 年代，因修建难度太大，814 km 的西宁至格尔木段工程，先后历时 20 多年才修建完成。其中，瓶颈性工程——全长 4.01 km 的老关角隧道，由于受当时艰苦的自然环境和施工技术条件等因素的制约，几度停工，1982 年才正式通车。建设团队也为此付出了巨大代价，仅老关角隧道的修建，就有 55 位建设者献出了生命，谱写了青藏铁路建设史上可歌可泣的英雄篇章。

尽管如此，建设大军们仍然前赴后继。经过艰苦卓绝的奋战，青藏铁路西格段于 1984 年 5 月 1 日开通运营。西格段通车初期，青藏铁路的运营者们克服种种困难，用高度的使命感和顽强的作风，确保了“世界屋脊上的钢铁大道”的安全畅通。也正是在青藏铁路人的滋养灌溉下，“扎根高原的吃苦精神、立足本职的创业精神、协作友爱的团结精神、默默无闻的奉献精神”这一老青藏线精神孕育而出并发扬光大，为后来青藏铁路精神的铸成奠定了坚实的基础。

进入新世纪，生产生活条件虽然好了，但青藏铁路人不畏艰险、挑战极限的作风没有变。

昆仑山上发生 8.1 级强烈地震后，为了避免隧道出现更大的坍塌风险，张鹏一马当先冲进塌方区。在他的带领下，大家奋勇争先，一边清理塌方、加强临时支护，一边往隧道顶部喷射混凝土，防止更大的塌方。连续战斗 6 天，终于止住了塌方。

为了测试冰冻厚度，为主桥墩基坑的开挖做准备，中铁大桥局集团青藏铁路工程指挥部副指挥长戴登宇一行 8 人在寒冷的冬夜来到拉萨河上凿冰掘坑。数据拿到了，8 人却全部被紧急送往医院的高压氧舱治疗。

无数个例子，充分展现了青藏铁路人扎根雪域、与苦相伴，缺氧不缺精神，不怕吃苦的英雄气概。

【求真务实】

根据时代的需求，一种精神会展现出不同的内涵。

初期，青藏铁路精神更多地体现为青藏铁路人战天斗地、艰苦奋斗的革命英雄主义气概；随着时代的发展，新世纪的青藏铁路精神又多了科学施工、科学管理的精神内涵。

1984 年 5 月，数万军民终于将青藏铁路一期工程从西宁修到了格尔木的南山口。然而直到 2001 年，铁轨依然静静地卧在海拔 2 800 m 的南山口，未再往前延伸。其中最大的“拦路虎”就是冻土、高寒和缺氧。修建青藏铁路，需要勇气，更需要智慧和科技。

在青藏铁路三岔河特大桥施工中，中铁十四局集团三公司副总经理刘广和带领项目技术小组开展科技攻关，翻阅了国内外大量资料，多次到设计院向有关专家请教，并深入当地气象、公路等部门调查了解情况，最终确定“搭设暖棚、蒸汽养护、加强量测、改进工艺、合理布置、全面作业”的冬期施工方案。首开世界高寒铁路桥梁冬季混凝土施工先河，填补了国内铁路桥梁施工技术的空白。

即使是在条件较好的内地也要两年才能完工的特大桥，在青藏高原上居然只用了 11 个月！

“在青藏铁路建设过程中，铁路系统与中科院、工程院、青藏两省区和有关科研单位、高校、企业联合攻关，取得突破，实现领先，世人赞叹”，中国铁道学会理事长卢春房说。在之后的高铁建设中，这一品格也得到了继承和发扬。

在青藏铁路修建过程中，原铁道部提出“拼搏奉献，依靠科技，保障健康，爱护环境，争创一流”的总体要求，“先生存后生产”“要奋斗不要有牺牲”成为共识。铁路部门在格尔木建立了全路第一个高原病防治中心，在全线建立起三级医疗保障体系。在历时数年的建设中，数以万计的建设者在高寒缺氧的自然环境中，实现了高原病“零死亡”。

线路开通运营之后，中国铁路青藏集团有限公司又以科技为支撑，通过先进的列车运行控制、安全监测系统和冻土路基主动保温等措施，保障青藏铁路安全平稳运营。青藏铁路凝结了许多经验，既有技术方面的，也有管理方面的，很多经验已成功应用于全路乃至全国的工程建设。

【责任担当】

2006 年 7 月 1 日，青藏铁路全线通车，十万铁军撤离青藏，但有一支队伍留了下来。这就是中国铁建十二局集团，他们的新任务是养护青藏铁路唐古拉以南 525.547 km 的冻土线路。

建好更要用好。青藏铁路广大建设者和运维者心系各族群众，秉持责任担当，不畏艰难困苦，担负起管理、运营世界一流高原铁路的责任，丰富、拓展了青藏铁路精神的内涵。

常年坚守的并不只有中国铁建十二局集团，中国中铁科研院西北院更是坚守超过了半个世纪。1961 年初，中国中铁科研院西北院就在海拔 4 780 m 的风火山上建立了我国第一座，也是世界上唯一一座全年值守的高原冻土观测站，对多年冻土进行长期观测和研究。面对风火山严重缺氧、冬季漫长，最低气温低于零下40 ℃的恶劣自然条件，半个多世纪以来，三代科研人员默默奉献，测取了1 200多万个高原冻土区气象和地温数据，用青春乃至生命凝结成29项重大科研成果，为破解多年冻土难题、建设青藏铁路提供了科学依据。直到现在，他们仍然坚守在风火山上，不间断地观测冻土、气象和路基变化，为青藏铁路运行提供持续保障。

青藏铁路的建成和运营，结束了西藏不通铁路的历史，实现了西藏各族人民的千年祈盼，让世界为之赞叹。自青藏铁路2006年开通至2021年6月底，中国铁路青藏集团有限公司累计运送旅客2.67亿人次，运送货物6.9亿t，给青海和西藏实施全面开放带动战略带来了强大的运力支撑。

【美德传承】

传奇已写就，梦想在延续。秉持着为民的初心，继青藏铁路格拉段开通运营后，铁路部门又先后建成、运营拉萨至日喀则铁路、敦煌铁路、格库铁路，完成青藏铁路新关角隧道、格拉段扩能改造项目。2021年6月25日，西藏自治区首条电气化铁路——拉萨至林芝铁路开通运营，复兴号高原内电双源动车组同步投入运营，复兴号首次开进西藏。川藏铁路雅林段也于2020年11月开工建设。习近平总书记对川藏铁路开工建设作出重要指示，指出广大铁路建设者要发扬“两路”精神和青藏铁路精神，科学施工、安全施工、绿色施工，高质量推进工程建设，为全面建设社会主义现代化国家做出新的贡献。

站在新的历史起点上，青藏铁路精神必将引领我们砥砺奋进，在实现“两个一百年”奋斗目标的道路上加速奔跑，在实现中华民族伟大复兴中国梦的伟大征程中书写更加壮丽的篇章。

一、客车车体

客车车体为全金属焊接结构，由底架、侧墙、车顶和端墙4部分焊接而成。在钢骨架上焊有金属地板，与侧墙板、车顶板和端墙板，形成一个上部带圆弧下部为矩形的封闭壳体，俗称薄壁筒形结构车体。壳体内部除用纵向杆件和横向梁、柱加强外，还采用墙板压筋方式来代替部分杆件，以增强结构的强度和刚度，形成整体承载的合理结构。

客车车体必须具有良好的隔热性能。为使旅客上下车方便，客车两端设有通过台，并在通过台的外端设置折棚和渡板，防止风雨及寒气侵入。车体内除设置门窗、座椅及卧铺外，还需装设卫生设备、通风装置、给水设备、车电设备、取暖设备、播音装置及空气调节装置等。

25型客车车体钢结构为全钢焊接结构，也是由底架、侧墙、车顶和端墙4部分焊接而成的。在侧墙、端墙、车顶钢骨架外面，在底架钢骨架的上面分别焊有侧墙板、端墙板、车顶板和纵向波纹地板及平地板，形成一个上部带圆弧，下部为矩形的封闭壳体。25型客车车体结构如图1－12所示。

1. 底架

底架由牵引梁、枕梁、缓冲梁、下围梁（或称下侧梁）、枕梁间的纵向金属波纹地板及枕外金属平地板等组成。

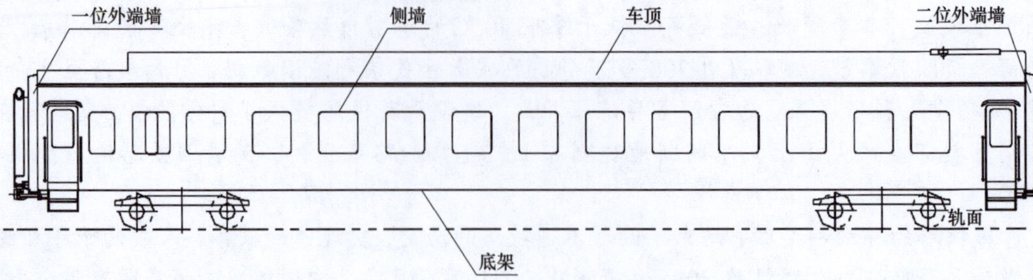

图 1－12　25 型客车车体结构

2. 侧墙

侧墙外表面为平板无压筋，在平整的外墙板内侧焊有垂直立柱和水平纵向梁，形成板梁式平面承载结构。

3. 车顶

由上边梁、车顶弯梁、车顶纵向梁、空调机组安装座平台、水箱盖等组成钢骨架。在骨架的外面焊有车顶板，共同组成车顶钢结构。

4. 端墙

客车车体钢结构的两外端，通常称外端墙。外端墙有 2 根强大的折棚立柱、2 根角柱、2 根位于端门两侧的门边立柱，还有位于端门立柱和角柱之间的乙形立柱。上述所有立柱的上端与车顶的顶端横梁相焊接，下端焊在底架缓冲梁的上翼缘上。在角柱与门边立柱之间焊有 2 根水平横梁，上述梁柱构成端墙钢骨架。在骨架的外表面焊有墙板，与钢骨架组成梁板组焊结构。

此外，还有门板、门上板、踏板等，它们与风挡连接，形成由一节车向相邻车通过的安全通道。在外端墙板上还焊装了一些附件，如电线槽、角铁、连接器座、风挡缓冲杆座、扶手等。

5. 密接式风挡

密接式风挡主要由风挡座、胶囊、对接框、风挡悬挂装置、内饰板、渡板、手动夹紧装置等组成。

6. 脚蹬翻板装置

脚蹬翻板装置由翻板组成、框组成、轴组成、轴座组成、拉簧安装、翻板固定器安装、脚蹬组成及面板等构成。

脚蹬翻板装置的作用是当列车运行时，通过翻板固定器和车侧门使翻板处于水平位置，使通过台形成封闭空间。当旅客上下车时，翻板在拉簧的作用下，可以自动绕着转轴向内端墙侧翻转至垂直位置，旅客可以通过脚蹬踏板上下车。这种脚蹬翻板装置既适用于低站台，也适用于高站台。

7. 车门

（1）从动力源的角度看，车门一般采用以压缩空气为动力的风动门，也有采用电气驱动的车门。

（2）从开启方式的角度看，车门包括内藏嵌入式侧移门、外侧移门、塞拉门、外摆式车门等。

内藏嵌入式侧移门：开关车门时门翼在车辆侧墙的外墙与内护板之间的夹层内移动，传动机构设于车厢内侧车门的顶部，装有导轮的门翼可在导轨上移动并与传动装置的钢丝绳或皮带相连接，借助风缸或电机驱动传动机构，从而使钢丝绳或皮带带动门翼动作。

外侧移门：与内藏嵌入式侧移门的区别仅在于开关门时，门翼处于侧墙的外侧，车门驱动机构工作原理与内藏嵌入式侧移门相同。

塞拉门：借助车门上端的传动机构和导轨，车门在开启状态时，门翼贴靠在侧墙的外侧，车门在关闭状态时，门翼外表面与车体外墙成一平面，这不仅使车体外表更美观，而且有利于在高速行驶时减少空气阻力，车门不会因空气涡流产生噪声，也便于自动洗车装置对车体进行清洗。在车门上方设有门翼导轨，风缸带动连杆机构使门翼沿着导轨滑移。

外摆式车门：开门时通过转轴和摆杆使车门向外摆出并贴靠在车体外墙板上，这种车门的结构特点为开门时具有较大的门翼摆动空间。

8. 车窗

在通常情况下，车内噪声主要来源于车外。车窗是整个车体隔声的薄弱环节。改善车窗玻璃结构型式以提高其隔声效果，是降低车内噪声最有效的途径。

车窗玻璃结构为多层复合隔声壁结构，夹层玻璃中间为 PVB 胶片，对两层玻璃之间反射声波有较好的阻尼衰减作用；而夹层玻璃与内层玻璃之间的空气层，又会使内外层玻璃之间反射及再反射声波的较大衰减，因此，其隔声效果大大提高。夹层玻璃与内层玻璃的弯曲振动频率有较大差别，所以可避免共振效应。

9. 客车的基本参数

主要型号客车的基本参数如表 1－1 所示。

表 1－1　主要型号客车的基本参数

<table>
<tr><th colspan="2">项目</th><th colspan="2">25B 型</th><th>25G 型</th><th colspan="2">25K 型</th><th colspan="4">25Z 型</th></tr>
<tr><td rowspan="6">定员/人</td><td>席别</td><td>普通</td><td>双层</td><td>普通</td><td>普通</td><td>双层</td><td>特等</td><td>一等</td><td>二等</td><td>双层</td></tr>
<tr><td>硬座</td><td>128/118</td><td>174</td><td>118/108</td><td>118</td><td>148</td><td></td><td></td><td></td><td></td></tr>
<tr><td>软座</td><td></td><td>108</td><td>72/88</td><td>72</td><td>108</td><td>42</td><td>68/76</td><td>88/96</td><td>108/92</td></tr>
<tr><td>硬卧</td><td>66/44</td><td>80</td><td>66</td><td>66</td><td>72</td><td></td><td></td><td></td><td></td></tr>
<tr><td>软卧</td><td>36</td><td>50</td><td>36</td><td>36</td><td></td><td></td><td>32</td><td>32</td><td>60</td></tr>
<tr><td>餐车</td><td>48</td><td></td><td>48</td><td>48</td><td></td><td></td><td>32</td><td>32</td><td></td></tr>
<tr><td colspan="2">车体长度/m</td><td colspan="9">25.5</td></tr>
<tr><td colspan="2">车体宽度/m</td><td colspan="9">3.105</td></tr>
<tr><td colspan="2">车体高度/m</td><td>4.433</td><td>4.75</td><td>4.433</td><td>4.433</td><td>4.75</td><td colspan="3">4.433</td><td>4.75</td></tr>
<tr><td colspan="2">构造速度/（km/h）</td><td colspan="3">140</td><td colspan="6">160</td></tr>
<tr><td colspan="2">通过最小曲线半径/m</td><td colspan="9">145</td></tr>
<tr><td colspan="2">首台车制造年代</td><td colspan="3">1992</td><td colspan="2">1997</td><td colspan="4">1993</td></tr>
</table>

二、货车车体（以敞车为例）

货车（敞车）如图 1－13 所示，其主要由转向架、车钩缓冲装置、制动装置、车体四部分构成。

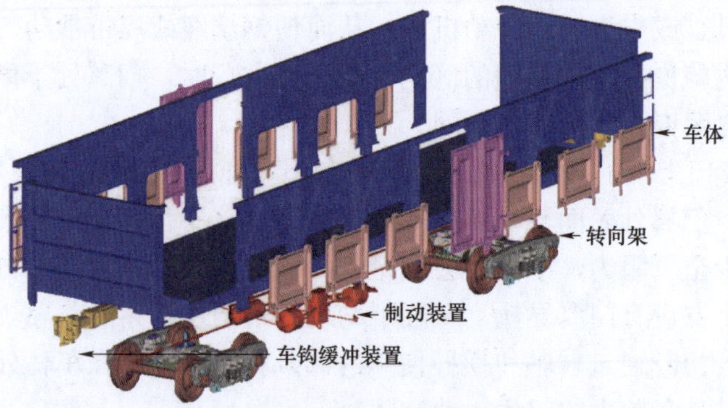

图 1-13　货车（敞车）

货车车体为全钢焊接结构，由底架、侧墙、端墙、车门等部件组成。车体主要材料采用屈服强度为 450 MPa 的耐大气腐蚀钢。货车车体如图 1-14 所示。

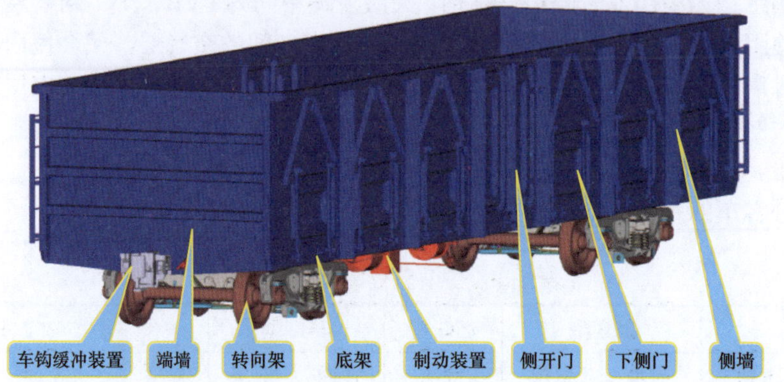

图 1-14　货车车体

1. 底架

底架由中梁、侧梁、枕梁、大横梁、端梁、纵向梁、小横梁及钢地板组焊而成（货车车体底架见图 1-15）。中梁采用 310Z 字型钢组焊而成，允许采用冷弯中梁，侧梁为 240 mm×

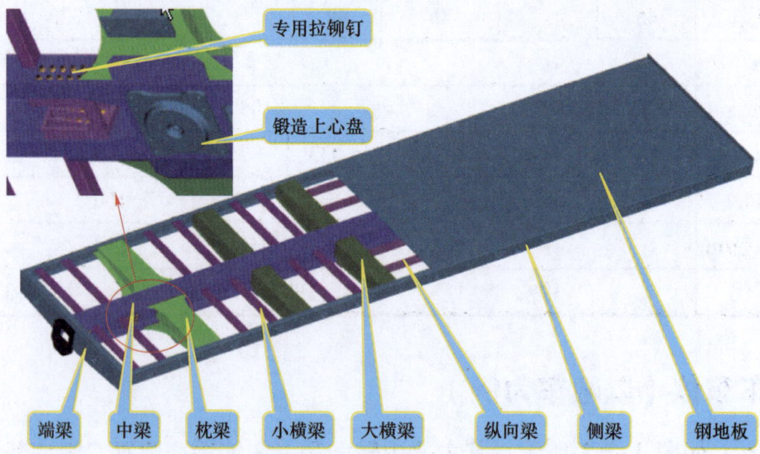

图 1-15　货车车体底架

80 mm × 8 mm 的槽形冷弯型钢；枕梁、横梁为钢板组焊结构，底架上铺 6 mm 厚的耐候钢地板；采用锻造上心盘（直径为 358 mm）及材质为 C 级铸钢的前、后从板座，前、后从板座与中梁间、脚蹬与侧梁间均采用专用拉铆钉连接。

2. 侧墙

侧墙如图 1－16 所示。侧墙为板柱式结构，由上侧梁、侧柱、侧板、连铁、斜撑、侧柱补强板及侧柱内补强座等组焊而成。上侧梁采用 140 mm × 100 mm × 5 mm 的冷弯矩形钢管，侧柱采用 8 mm 厚冷弯双曲面帽型钢。侧柱与侧梁采用专用拉铆钉连接。

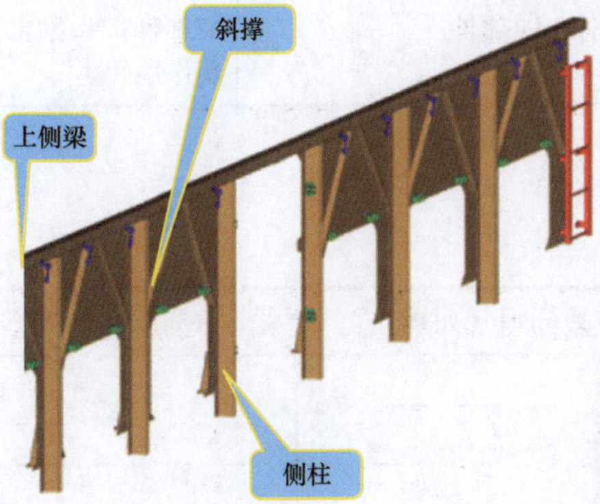

(a) 侧墙正面

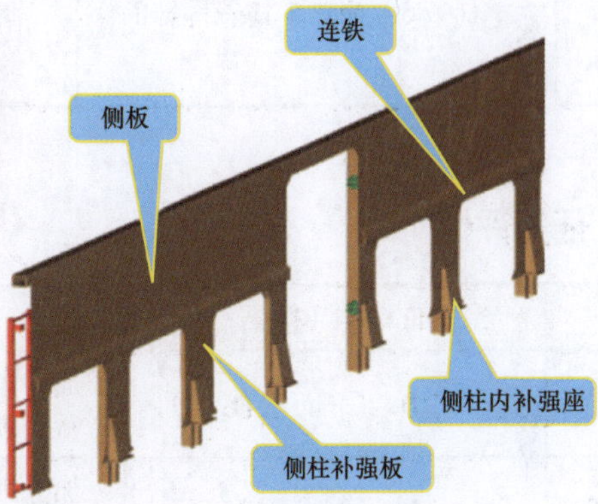

(b) 侧墙背面

图 1－16　侧墙

3. 端墙

端墙由上端梁、角柱、横带及端板等组焊而成。上端梁、角柱采用 160 mm × 100 mm × 5 mm 的冷弯矩形钢管，横带采用断面高度为 150 mm 的帽型冷弯型钢。

4. 侧开门及下侧门

在车体两侧的侧墙上安装了侧开式侧开门及上翻式下侧门。

侧开门采用新型锁闭装置，门边处组焊槽形冷弯型钢，增强了刚度并将通长式上锁杆封闭其中，防止变形与磕碰。下门锁采用偏心压紧机构，当车门关闭后，通长式上锁杆可防止下门锁蹿出，这种设计操作简单，安全可靠。

任务实施

时间	任务	实施	说明
20 min	子任务 1　能够说明客货车车体的组成部分	客车车体组成：________ 货车车体组成：________	
20 min	子任务 2　看图识别部件	识别 10 项部件	从教材中选取车体部件 10 项，说出各部件的名称
20 min	子任务 3　简述车体各部件的作用	识别 5 项部件	从教材中选取 5 项客货车部件，识别部件并说出其作用

任务评价

类型	评价标准（打√）	加、减分项（列举）	创新点（列举）
自我评价	A：□B：□C：□D：□	加分项：________ 减分项：________	
小组评价	A：□B：□C：□D：□	加分项：________ 减分项：________	

填表说明：A：85～100 分；B：70～84 分；C：60～69 分；D：<60 分。

加分项：在原有课程资源基础上，能拓展出新的知识与技能，能升华出劳动光荣、敬业精神、爱国主义、奉献社会、工匠精神、创新创业等意识。

减分项：比对教师的参考答案和其他组的结论，对部分知识点和基本技能的掌握有缺失。

创新点：在学习方法、学习技能、知识拓展、思维创新等方面有具体突破。

任务拓展

查找资料，自主学习特种车辆车体的结构及部件，如罐车、长大货物列车、集装箱车、漏斗车、粮食车等特种车辆的车休结构及部件。

任务 1.3 车钩缓冲装置——“贪吃蛇”的连接

任务描述

掌握车辆连接装置——车钩及缓冲器的组成、用途，以及各部件的功能。

学习目标

能识别车钩及缓冲器的各个部件，能对客车 15 号车钩与货车 13 号车钩进行分解组装。

全景思政

运河上的铁路检车员

【时间观念】

深夜 23:30 出发作业，凌晨 0:26 返回车间；清晨 4:22 再出发作业，5:16 返回。

在位于山东省济宁市梁山县瓦日万吨重载铁路和京杭大运河交汇处的梁山港，驻守着一支 12 人的铁路检车小分队。这里东临大运河，北靠黄河，东北方向 10 km 处是东平湖。

【奋斗精神】

雾气很重，在零下十几摄氏度的冬夜里尤为湿冷。

弯腰、探身、钻车底……中国铁路济南局集团有限公司济南西车辆段梁山技术交接作业场的检车员陆诗慕，对到达的煤炭列车进行迅速查看、仔细判别，并进行快速维修。这时，59 岁的陆诗慕已工作近 48 h，又累又困，双手由于长时间的户外作业已冻得失去知觉，头发和眉毛上沾满了雾霜，脚脖子也很酸痛。当他拖着疲惫的步伐返回车间后，依然不敢放松，时刻待命，随时准备对进港列车进行巡查检修，直到上午 8 点交班。“为使煤车翻卸后快速驶离，不影响下一趟列车进港，对于一趟长 1 400 多 m、有 100 多辆车辆的万吨大列，我们要在 90 min 内检查成百个车钩，上千个车轮和闸瓦等。因此，不论是清晨还是冬夜，我们都是 24 h 待命，只要列车到达，我们便迅速投入工作中。”陆诗慕说。

梁山港是 2021 年新开通的江北最大的铁水联运港，这里有山东煤炭应急储备基地，冬季电煤运输异常繁忙，梁山港的铁水联运也成为北煤南运的重要“黄金水道”。梁山港的开通缓解了北煤南运的压力，还为企业货主降低近 80%的运输成本。

“以前，这里的煤炭只辐射梁山周边的电厂、用煤企业，去年梁山港开通后，煤炭实现了通过运河到达江苏镇江，进入长江后最远可达武汉，货运量显著增加，我们每天的工作量也增加了 5 倍多，最多的时候一天要巡检 730 多辆车厢。”济南西车辆段梁山技术交接作业场检车工长柴华介绍。

【敬业精神】

梁山技术交接作业场共有 12 名检车员，平均年龄近 50 岁，他们每 4 人组成一个作业组，分 3 组轮流作业。他们都住在聊城，三天回一趟家，每次为了按时交班让工友早点回家，他们凌晨 4:30 起床，搭乘最早的一班到梁山站的火车，然后再乘汽车赶往 25 km 外的梁山港。

今年春运是梁山港开通后的第一个春运，也是陆诗慕的最后一个春运，他将在3月份退休。由于工作安排，陆诗慕已经连续16个春节在工作岗位上过了，但他依然希望春节期间能站好最后一班岗。

【美德传承】

“检车员这个工作，我已经从事了26年，虽然辛苦，但肩负着为车辆‘号脉’、使煤炭和各项货物安全顺利到达目的地的责任，我也很不舍。如今，我的两个儿子都在铁路工作，希望他们能把这种光荣的使命继续传承下去。”陆诗慕说。

车辆连接装置主要包含车钩、缓冲器、客车风挡、电气连接装置。

连接列车中各个车辆使之彼此保持一定距离，并传递和缓和列车运行中或调车作业时产生的纵向力和冲击力，若上述功能由同一装置承担，称为车钩缓冲装置，反之，则分别称为牵引连挂装置和缓冲装置。牵引连挂装置：实现车辆间的彼此连接，传递和缓和牵引（拉伸）力。缓冲装置：传递和缓和冲击（压缩）力，并使车辆彼此保持一定距离。

一、车钩缓冲装置分类

1. 按连接方式分类

（1）非自动车钩：需要人工完成车辆之间的连接，如图1－17所示。

图1－17　非自动车钩

（2）自动车钩：不需要人工参与就能实现连接（某些情况下是指连接和分解均不需要人工参与的车钩），如图1－18所示。

图1－18　自动车钩

2. 按是否允许有位移分类

（1）非刚性：允许连接的车钩有垂向相对位移。存在高度差时，连挂着的车钩轴线呈阶梯状，而各自保持水平。普通客货车常采用非刚性车钩缓冲装置。

（2）刚性：不允许连接的车钩有垂向相对位移，但允许在水平面有少许转角。存在高度差时，连挂着的车钩轴线处于同一直线并呈倾斜状态。高速、地铁、轻轨车辆常采用刚性车钩缓冲装置。

二、车钩缓冲装置（非刚性车钩）的组成

车钩缓冲装置由车钩、钩尾框、钩尾销、前从板、后从板、缓冲器组成，如图 1－19 所示。

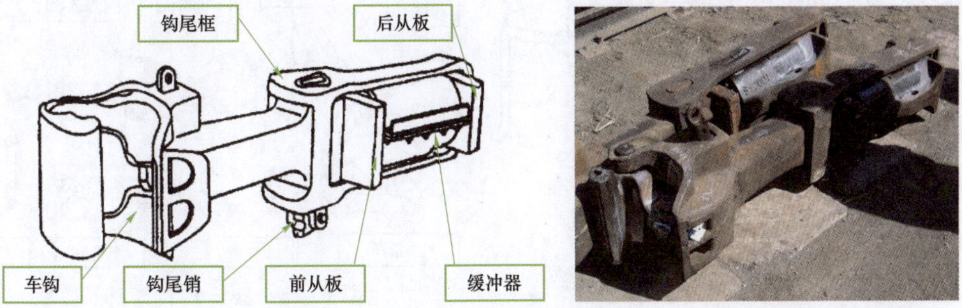

(a) 示意图　　(b) 实物图

图 1－19　车钩缓冲装置

三、车钩缓冲装置的功能

1. 车钩

车钩的功能是实现机车和车辆或车辆和车辆之间的连挂，传递牵引力及冲击力，并使车辆之间保持一定距离。

2. 缓冲器

缓冲器用来缓和列车运行及调车作业时车辆间的冲撞，吸收冲击动能，减小车辆相互冲击时所产生的动力作用。

3. 从板和钩尾框

从板和钩尾框起着传递纵向力（牵引力或冲击力）的作用。

四、客货车车钩

1. 开启方式

客货车车钩分上作用式车钩、下作用式车钩两种。

1）上作用式车钩

由设在钩头上部的提升机构开启的车钩称上作用式车钩。大部分货车采用上作用式车钩，这种车钩灵活方便。上作用式车钩如图 1－20 所示。

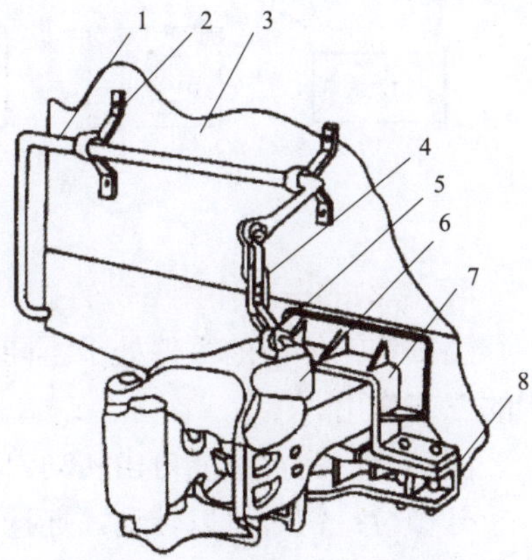

1—车钩提杆；2—车钩提杆座；3—车体端墙；4—提钩链；5—锁提销；6—钩头；7—冲击座；8—钩身托梁。

图 1－20　上作用式车钩

2）下作用式车钩

由设在钩头下部的提升机构开启的车钩称下作用式车钩。大部分客车及平车采用下作用式车钩。下作用式车钩如图 1－21 所示。

2. 货车 13 号车钩及零件

货车 13 号车钩及零件如图 1－22 所示。

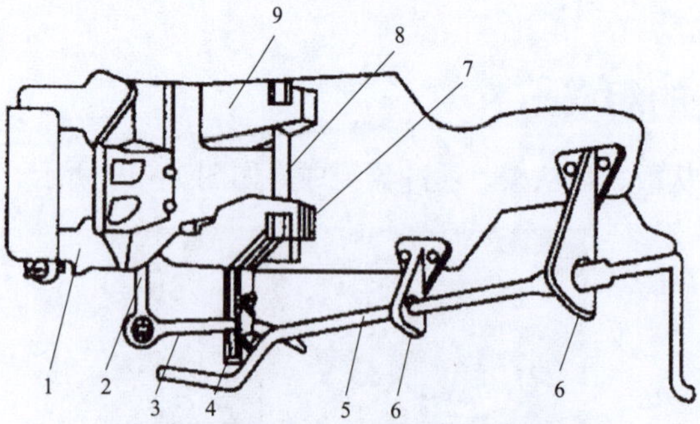

1—钩头；2—锁推杆；3—下锁销杆；4—下锁销托吊；
5—车钩提杆；6—车钩提杆座；7—车钩托梁；
8—吊杆；9—冲击座。

图 1－21　下作用式车钩

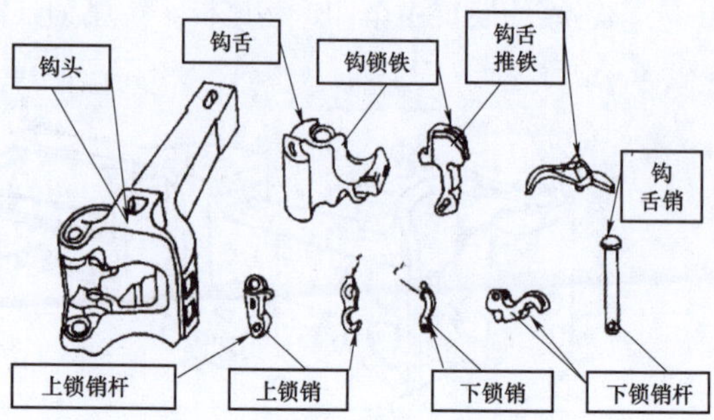

图 1－22　货车 13 号车钩及零件

3. 客车 15 号车钩及零件

客车 15 号车钩及零件如图 1－23 所示。

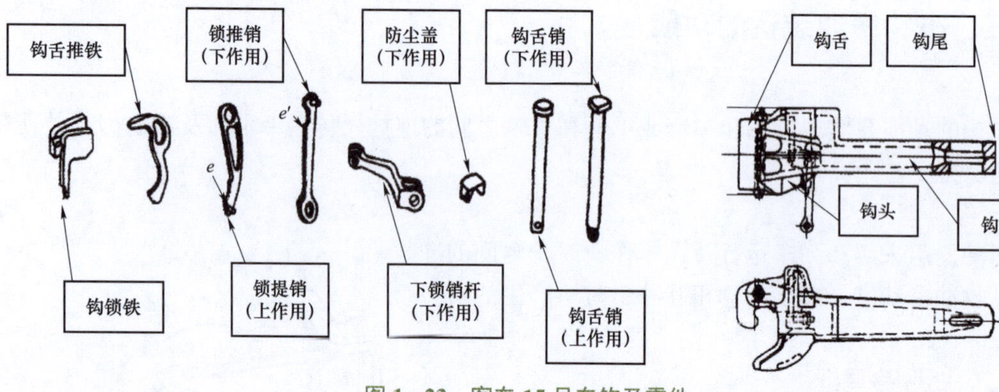

图 1－23　客车 15 号车钩及零件

4. 车钩的三态作用

当车钩钩体内的零件处于不同位置时，车钩将具有闭锁、开锁和全开三种作用，俗称车钩的三态作用。

闭锁位：钩舌不能自由转动。连挂着的两车只有车钩均处于闭锁位才可传递纵向力。

开锁位：钩舌可以转动。连挂着的两车至少有一个车钩处于开锁位才可分离，但未连挂的两车不能连接。

全开位：钩舌可以转动到的最大位置。相邻两车钩至少有一个车钩处于全开位才可连挂。

任务实施

时间	任务	实施	说明
20 min	子任务 1　能区分车辆连接装置	车钩缓冲装置部件：______ 车端连接装置部件：______	
20 min	子任务 2　看图识别部件	区分客车 15 号车钩与货车 13 号车钩的主要部件	
20 min	子任务 3　把握车钩的三态作用	闭锁位：______ 开锁位：______ 全开位：______	

任务评价

类型	评价标准（打 √）	加、减分项（列举）	创新点（列举）
自我评价	A：□B：□C：□D：□	加分项：______ 减分项：______	
小组评价	A：□B：□C：□D：□	加分项：______ 减分项：______	

填表说明：A：85～100 分；B：70～84 分；C：60～69 分；D：<60 分。

加分项：在原有课程资源基础上，能拓展出新的知识与技能，能升华出劳动光荣、敬业精神、爱国主义、奉献社会、工匠精神、创新创业等意识。

减分项：比对教师的参考答案和其他组的结论，对部分知识点和基本技能的掌握有缺失。

创新点：在学习方法、学习技能、知识拓展、思维创新等方面有具体突破。

任务拓展

1. 熟悉铁路车辆连接装置新技术。
2. 查找资料，自主学习以下常见缓冲器：① 弹簧式缓冲器；② 摩擦式缓冲器；③ 橡胶式缓冲器；④ 摩擦橡胶式缓冲器；⑤ 黏弹性橡胶泥缓冲器；⑥ 液压缓冲器；⑦ 空气缓冲器等。
3. 查找资料，自主学习密接式车钩的相关知识。

任务 1.4 转向架——剖析火车“飞火轮”

任务描述

熟知转向架的结构及作用、客货车转向架的分类、不同类型转向架的特殊零部件。

学习目标

能够分析转向架的组成，各部件功用；能列举常见特殊部件的损伤形式。

全景思政

修车想着坐车人

【敬业精神】

“车来了！准备接车。”站台一端，迎着 K590 次列车进站方向，北京西站客车检车员王禹俯身蹲下。用他的话说，这是以最敬畏的姿态，迎送每一趟列车。

【工匠精神】

接车，可不仅是蹲姿这么简单。要看、闻、听，需要调动多种感官。列车飞驰而过，王禹目不转睛，盯着车底走行部，警惕零件脱落、悬挂杂物；如果制动盘失灵，焦糊味是重要信号；为了听清车轮是否存在异响，王禹不敢戴棉帽，耳朵冻得通红。

列车进站停稳，王禹快速起身，大步流星奔向火车头。“这是一趟折返车，从河南洛阳开来，待会儿要去河北衡水。留给我们的检修时间，只有 40 分钟。”风雪中，王禹只穿了一件后背有反光条的短棉服，“车上车下钻，衣服太长行动不便。”王禹检查列车如图 1-24 所示。

图 1-24　王禹检查列车

“一些南方开来的列车，经历气温变化，车下系统管路受热胀冷缩的影响，可能出现漏风，我们要快速查找处理。”王禹一手攥着可以录像的手电筒，一手拎着小检查锤，弯腰前行，敲敲打打。仅一趟车，他就要在车底钻进钻出40次以上。雪仍在下，王禹的衣领上很快积满雪花，但他无暇清理。

【奋斗精神】

对客车检车员来说，最怕下雨、下雪。“冷还好说，忙活起来就忘了。最要命的是转向架结冰，我们要将冰敲掉，工作量增加不少。”王禹回忆，2008年春运期间，河南郑州下大雪，100多趟列车晚点，车压到半夜集中到站，他清楚记得那天自己“忙飞了”，卧雪凿冰实在艰难。

站台上，旅客陆续上车，车厢里热闹起来。有人打开水龙头洗手，哗啦啦……水顺着管道流到车下，险些浇到王禹身上，“这也正常，不幸赶上，衣服就湿了。”

除了给车辆“体检”，王禹所在的北京西站检车车间，还担负着车站高铁、普速列车的吸污工作，将列车行驶中厕所收集的污物，通过真空吸污设备从污物箱中吸出，确保列车上的厕所能够正常使用。2022年春运期间，北京车辆段北京西站检车车间一昼夜检修作业量就达172列列车。

全列车“体检”完毕后，王禹来到站台上，从出乘火车司机手里接过钥匙，在交接单上签字。“现在机车挂上了，我们要进行始发前的检查，一切正常才能供电发车。”虽然时间紧张，这位老检车员却忙而不乱，在机车与车厢一米间隙中，闪展腾挪，确认车钩连挂状态良好、管路干净无尘。

【责任担当】

伴随着长长的汽笛声，刚刚完成“体检”的列车出站，王禹重新回到接车点，蹲下身，目送列车远去，依然充满着神圣感。“这个活儿，越干胆子越小。”入行25年，故障抢修经验多了，王禹越发小心谨慎，精检细修。“修车想着坐车人，如果我的亲人在车上，我该怎么检修这趟车？”王禹憨厚地说。

25年来，王禹很少在家过春节，10岁的孩子问他，“为什么别人的爸爸都在家过节，你却要上班呢？”王禹摸摸孩子的头说，“因为爸爸要把别人的爸爸妈妈、别的小朋友送回家过节啊！”

常见的客车转向架有209系列客车转向架、206系列客车转向架、CW、SW和PW系列客车转向架。常见的货车转向架有转8A、转8AG、K2～K7型转向架。

一、转向架的作用

（1）承载、传力、增载（多轴分担）、提速。

（2）驱动、走行、制动。

（3）缓冲、减振。

（4）实现“直稳曲活”。

（5）便于安装弹簧、制动装置等零件。

二、转向架的组成

转向架基本组成如图1－25所示。

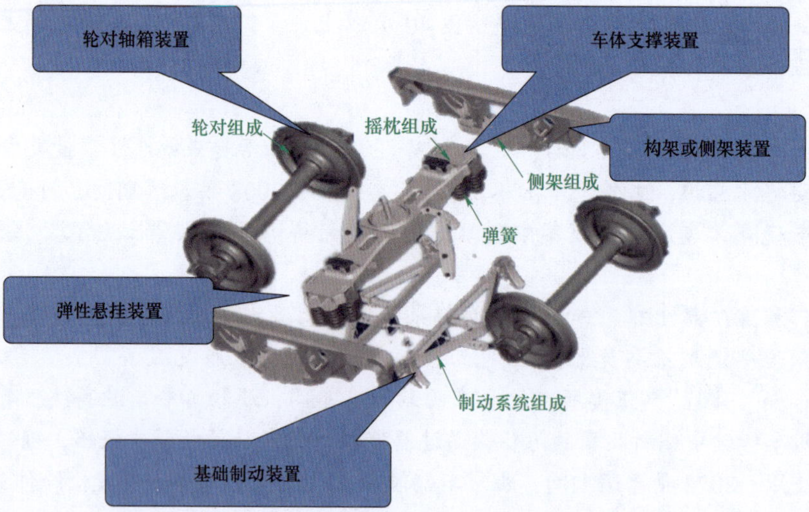

图 1－25　转向架基本组成

转向架的基本组成主要由轮对轴箱装置、弹性悬挂装置、构架或侧架装置、基础制动装置、车体支撑装置组成，动力车转向架还有牵引变速传动机构。

轮对承担车辆全部重量，且在轨道上高速运行，同时还承受着从车体、钢轨两方面传递来的各种动、静作用力，受力复杂。轮对如图 1－26 所示。

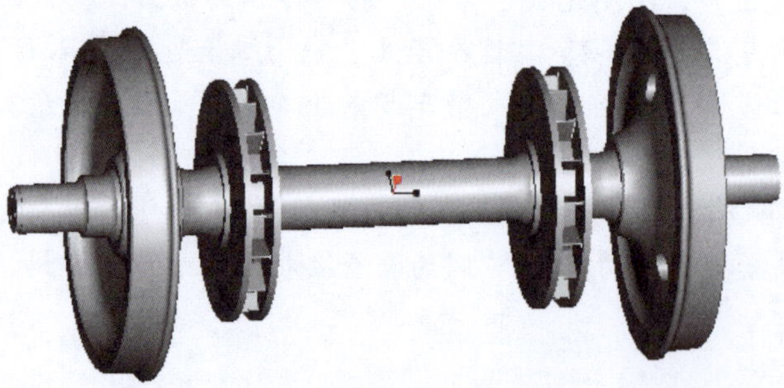

图 1－26　轮对

对车辆轮对的要求如下。

（1）要有足够的强度，以保证在高速、最大载荷情况下安全运行。

（2）在保证足够的强度和寿命的前提下，质量尽量小，并具有一定弹性，以减小轮轨间的作用力。

（3）阻力要小，耐磨性要好。

（4）适应直线和曲线区段运行，具有必要的抗脱轨安全性。

三、典型客车转向架

1. 209T 型客车转向架

209T 型客车转向架是我国自行研制的 209 系列客车转向架中的一种。209T 型客车转向架中的 T 表示踏面制动。它具有结构简单、性能可靠、磨耗件少、检修方便和运行平稳等优点。209T 型客车转向架是我国主型 D 轴客车转向架之一，目前，广泛应用于 25G 和 25B 型客车，其最大允许速度是 120 km/h。

2. 209P 型客车转向架

209P 型客车转向架是一种非常成熟的定型客车转向架。209P 型客车转向架中的 P 表示盘形制动。它是为了适应铁路客车提速的使用要求，在 209T 型客车转向架的基础上改进设计的。209P 型客车转向架与 209T 型客车转向架的主要区别在于基础制动装置由踏面制动改成盘形制动，早期出厂的 209P 型客车转向架采用了踏面清扫单元，后期新造的产品进行了改进，取消了踏面清扫单元。因此，除轮对组成和基础制动装置外，209P 型客车转向架的基本结构与 209T 型客车转向架基本相同。

3. 209PK 型客车转向架

由于我国研制的双层客车的车体具有断面大、车体长、重心高和载客量大等特点，一般转向架已经不能适应双层客车的要求。为了满足双层客车的需求，在 209T 型客车转向架的基础上，科研人员又研制了采用空气弹簧、盘形制动单元和抗侧滚扭杆等新技术的 209PK 型客车转向架。209PK 型客车转向架中的 P 表示盘形制动，K 表示空气弹簧。

209PK 型客车转向架采用不同于 209T 型客车转向架的新结构：使用了空气弹簧、抗侧滚稳定器、盘形制动单元、车钩高度自动调整等新技术，制动力由空重车阀根据车体重量自动调节。除了这些新结构外，凡是 209T 型客车转向架可以采用的零部件均继续沿用。

209PK 型客车转向架的最大允许速度是 140 km/h，不仅能满足双层客车的结构特点和运行要求，而且也能适用于普通客车。

4. 206G 型客车转向架

206G 型客车转向架是在 206 型客车转向架的基础上，借鉴国际旅游客车用转向架的技术特点，在结构上经局部改进而设计的转向架。206G 型客车转向架中的 G 表示“改进型”。

206G 型客车转向架在保留 206 型客车转向架运行安全、性能稳定、分解组装方便和磨耗量小等特点的基础上进行了改进，增设纵向牵引拉杆、横向油压减振器，采用金属迷宫式轴箱，改进轴箱定位结构，车轮进行静平衡试验，轮对进行动平衡试验，转向架制动装置销套为Ⅰ级精度的耐磨销套，并在悬挂处加设了橡胶垫等。

目前，206G 型客车转向架应用于 22B、25B 和 25G 等各型客车上，其最大允许速度是 120 km/h。

5. 206P 型客车转向架

206P 型客车转向架是在 206G 型客车转向架的基础上，采用盘形制动（P 代表盘形制动）装置进行改进设计的客车转向架。由于将基础制动装置改为盘形制动，所以，去除侧梁端部小端梁及相应的基础制动悬吊结构，改为盘形制动单元吊座结构，采用 RD3A、RD4A 轮对。其轮对、轴箱、弹簧定位装置、摇枕弹簧悬挂装置等零部件与 206G 型客车转向架相同。部分产品装用了轴端式电子防滑器。

6. 快速客车转向架

目前，我国客车上使用的快速客车转向架有：209 系列客车转向架中的 209HS 型客车转向架；206 系列客车转向架中的 206KP、SW－160 和 SW－220K 型客车转向架；CW 系列客车转向架中的 CW－2 和 CW－200K 型客车转向架；AM96 和 PW－220K 型客车转向架等。

四、典型货车转向架

1. 转 8A 型转向架

转 8A 型转向架如图 1-27 所示。

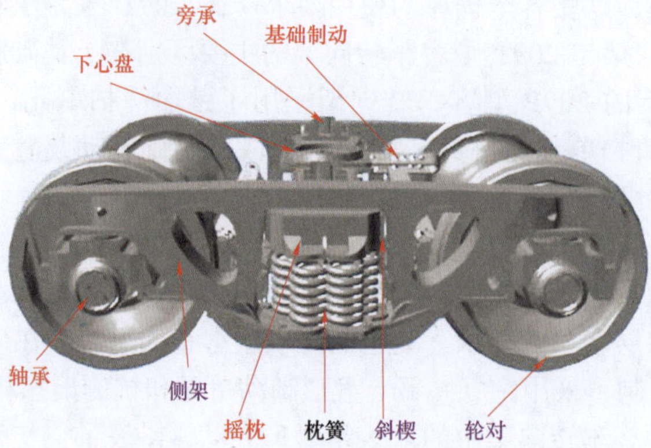

图 1-27　转 8A 型转向架

转 8A 型转向架是传统的铸钢三大件式货车转向架，具有结构简单、检修方便、均载性好等优点，多年来为铁路货运作出了很大贡献，其主要结构特点如下。

（1）采用 RD2 型滚动轴承轮对。

（2）采用铸钢承载鞍。

（3）摇枕、侧架的材质由原来的 ZG230-450 改为 B 级钢。

（4）中央悬挂系统采用一级刚度，枕簧与减振簧参数相同，方便运用与检修。

（5）减振装置中采用了奥贝球铁耐磨斜楔、45 号钢整体淬火侧架立柱磨耗板，摇枕八字面加焊磨耗板，其耐磨性比原设计提高 2.5 倍以上，保证了转向架的良好动力学性能。

（6）基础制动装置中的零部件全部实现了简统化，极大地方便了运用和检修。

2. 转 8AG 型转向架

转 8AG 型转向架（见图 1-28）是由中车齐齐哈尔车辆有限公司于 1999 年设计的铁路货车主型转向架——转 8A 型转向架的更新换代产品，铁路货车装用转 8AG 型转向架后，速度由 70 km/h 提高到 100 km/h，满足了我国铁路货运提速的需要。转 8AG 型转向架适用于现有车辆的改造。

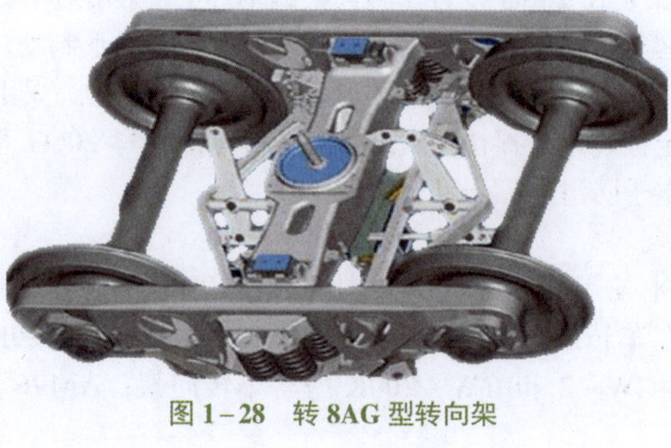

图 1-28　转 8AG 型转向架

3. 转 K1 型转向架

转 K1 型转向架（见图 1－29）是由中车齐齐哈尔车辆有限公司于 1992 年设计的当前我国提速货车转向架之一，适用于轨距 1 435 mm、最高运行速度为 120 km/h 的各型铁路货车。转 K1 型转向架属于带变摩擦减振装置的新型铸钢三大件式货车转向架。

4. 转 K2 型转向架

转 K2 型转向架（见图 1－30）是由中国中车齐齐哈尔车辆有限公司于 1998 年设计的当前我国新造提速货车转向架之一，其首先应用于 P65 型行包快运棚车，目前已批量应用于新造棚车、敞车，同时也适用于轨距 1 435 mm、最高运行速度为 120 km/h 的各型铁路货车。转 K2 型转向架属于带变摩擦减振装置的新型铸钢三大件式货车转向架。

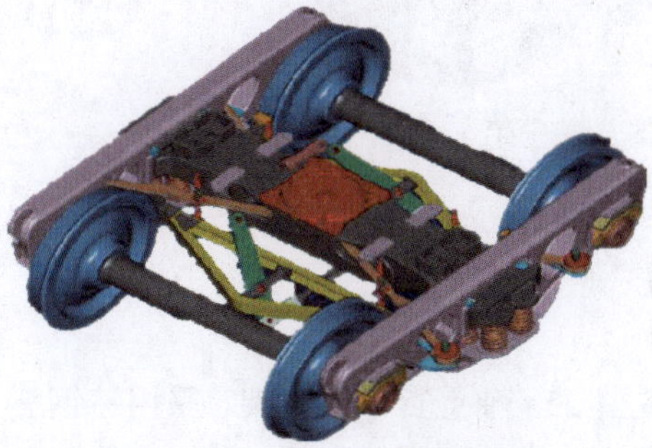

图 1－29　转 K1 型转向架

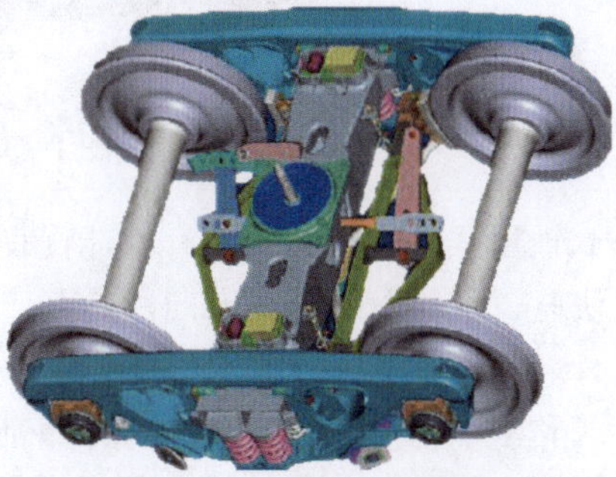

图 1－30　转 K2 型转向架

5. 转 K3 型转向架

转 K3 型转向架（见图 1－31）是由中车株洲车辆有限公司设计的主要用于快运集装箱平车、小汽车平车、快运行包车、家禽车、保温车，以及其他对运行速度和运行品质要求较高的货车。其具有抗菱刚度高、安全、可靠，便于通过曲线，维修费用低等优点，属于构架一体式货车转向架。

6. 转 K4 型转向架

转 K4 型转向架（见图 1－32）是由中车株洲车辆有限公司与 ABC－NACO 公司联合在原型摆动式转向架基础上进行改进设计的新型快速转向架。

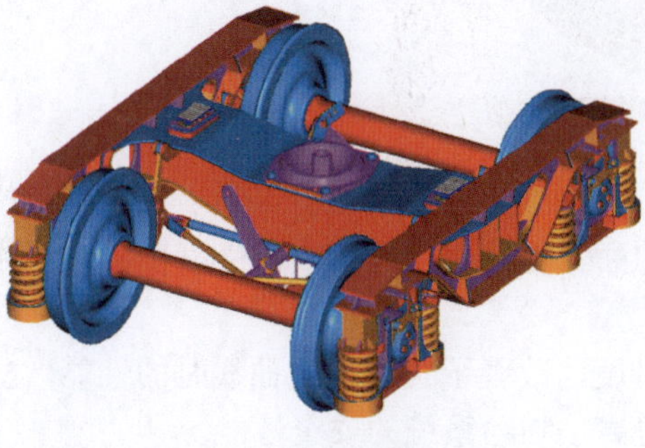

图 1－31　转 K3 型转向架

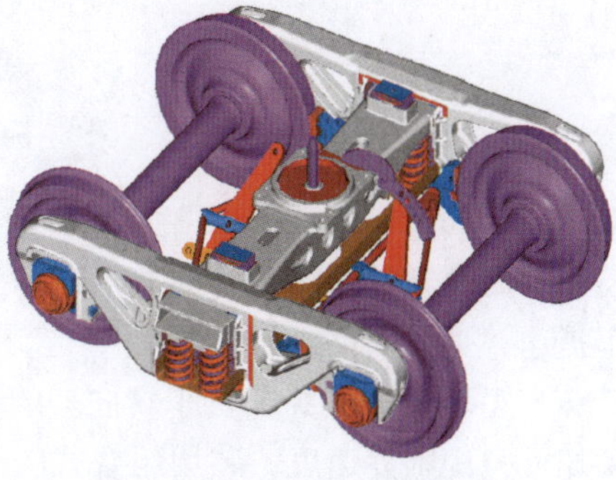

图 1－32　转 K4 型转向架

7. 转 K5 型转向架

转 K5 型转向架（见图 1－33）是在转 K4 型转向架的基础上研制的 25 t 轴重摆动式转向

架，属于铸钢三大件式摆动转向架。其承袭了转 K4 型转向架的主要结构型式，其弹簧托板由转 K4 型转向架的平直型改为下凹型，基础制动采用了自行研制的 L－c 型组合式制动梁，其减振内圆弹簧、斜楔、弹性旁承等零部件可与转 K4 型转向架互换使用。

图 1－33　转 K5 型转向架

25 t 轴重摆动式转向架具有性能优良、使用寿命长、维修费用低等优点，适应我国铁路货车“快速、重载”的发展方向，具有广阔的推广应用前景。

8. 转 K6 型转向架

转 K6 型转向架（见图 1－34）是目前国内主型 25 t 轴重货车转向架，采用铸钢三大件式结构。摇枕、侧架为 B 级铸钢，侧架采用宽导框式结构；两侧架之间加装下交叉支撑装置；一系悬挂采用改进型轴箱橡胶垫；二系悬挂采用带变摩擦减振装置的中央枕簧悬挂系统，摇枕弹簧为两级刚度，组合式斜楔的主摩擦板采用高分子复合材料。

图 1－34　转 K6 型转向架

转 K6 型转向架是中车齐齐哈尔车辆有限公司为改善转向架运行品质、延长车辆检修周期和使用寿命而开发的新型转向架，该转向架的商业运行速度为 120 km/h，能够满足中国铁路货车提速、重载的需求。

转 K6 型转向架提高了货车转向架的抗菱刚度，改善了货车通过曲线时的性能，提高了转向架蛇行失稳临界速度；装用组合式制动梁提高了制动系统的安全性能。

任务实施

时间	任务	实施	说明
20 min	子任务 1 能够说明转向架的作用及组成部件	客车转向架的组成：____ 货车转向架的组成：____	
20 min	子任务 2 看图识别部件		
20 min	子任务 3 讨论客车转向架对车辆轮对的要求		

任务评价

类型	评价标准（打 √）	加、减分项（列举）	创新点（列举）
自我评价	A：□B：□C：□D：□	加分项：________ 减分项：________	
小组评价	A：□B：□C：□D：□	加分项：________ 减分项：________	

填表说明：A：85～100 分；B：70～84 分；C：60～69 分；D：<60 分。

加分项：在原有课程资源基础上，能拓展出新的知识与技能，能升华出劳动光荣、敬业精神、爱国主义、奉献社会、工匠精神、创新创业等意识。

减分项：比对教师的参考答案和其他组的结论，对部分知识点和基本技能的掌握有缺失。

创新点：在学习方法、学习技能、知识拓展、思维创新等方面有具体突破。

任务拓展

1. 讨论汽车行驶系统与铁路车辆走行部之间的异同。
2. 分析客车、货车转向架连接车体的核心部件与连接形式。

任务 1.5 制动系统——探究至关重要的“刹车”

任务描述

熟知客、货车的制动机组成与制动系统的核心部件。

学习目标

掌握客、货车制动机的组成，能陈述空气制动机的构造。

全景思政

铁道线上的“啄木鸟”

【敬业精神】

2022 年 1 月 19 日凌晨 2 时，广西钦州港站站场内，一列满载着白糖的年货班列即将发往湖南，一位身穿黄色马甲的铁路工长行走在股道上，组织进行列车出发前的最后检查。

他叫林江波，是防城港车辆运用段钦州港运用车间三班检车工长，前不久刚获评“全国向上向善好青年”。2022 年已是他工作以来第 14 次参加春运。

【工匠精神】

钦州港站是西部陆海新通道海铁联运重要的枢纽车站，所有经钦州港的班列都要在这里完成最后的编组、检车作业才能发往西部省区市。林江波和工友们就像铁道线上的“啄木鸟”，用手中的检车锤“叮叮当当”地敲击着车辆配件，为列车“问诊看病”，保障车辆安全正常运行。

一列车的检修作业由 5 名职工共同完成，当晚正值林江波上夜班，作为工长的他，要在股道上对职工们的检查作业进行现场盯控，发现问题及时处理。一列车由 50 辆车辆编组而成，而检车时间只有 45 分钟。

“当当当……”

“这声音听着不对，你检查确认下这辆车的人力制动机状态。”当走到职工韦志波身边时，林江波发现他用检车锤敲击车轮踏面发出的声响略显沉闷，而非正常情况下的清脆金属响声，随即指导韦志波进行处理。

“果然，制动机一点余量都没有了。”检查结果验证了林江波的分析，韦志波不由得心生佩服。如果这个故障没被发现，就可能出现单个车辆抱闸运行的情况，危及整列车的安全。

自 2007 年 8 月入职以来，林江波已经实现个人安全工作天数 5 236 天，百班赛 620 个班，万辆赛 97 412 辆的好成绩，“实战”让他练就了“听声辨音”的本领，一旦敲出来的声音不对劲，他就能迅速判断出故障点。

“波哥，我这儿需要你的帮助。”对讲机里，传来新职工唐锟的声音，今年是唐锟第一次参加春运。

“好的，我马上到。”

原来，唐锟在检车过程中发现一块闸瓦磨耗过限需要更换，却一直取不出固定闸瓦的闸瓦插销，只能呼叫工长前来帮忙。闸瓦是铁路货车的“刹车盘”，如果磨耗过限不及时更换，会对列车的制动力产生影响，危及列车运行安全。春运期间，行车密度增大，车辆检修的工作质量要求也更高，“啄木鸟”们必须更细致地检查每一辆车。

林江波见唐锟奋力敲打，闸瓦插销仍然纹丝不动，便走过去蹲下身子，熟练地用扳手扳弄着闸瓦插销底部变形的部位，随后取出闸瓦插销，把旧闸瓦更换为新闸瓦，再重新装上闸瓦插销。处理完，林江波又向列车的另一端走去。

【责任担当】

一晚的工作，林江波基本没合过眼。

春运期间，钦州港站每个班检查始发的列车在 10 列左右。像林江波这样的“啄木鸟”们，在铁道线上披星戴月，敲击出一首首钢轨“协奏曲”，守护着一趟趟满载着椰果、白糖、鱼油的西部陆海新通道班列，将年货安全送到老百姓的餐桌。

一、概述

制动装置的主要作用是控制机车、车辆和列车的运行速度，使它们减速、停车或以限定速度驶下坡道；此外，当列车或车辆在平道或坡道停车时使其保持不动。制动装置通常包括基础制动装置、空气制动装置、手制动装置三部分。

1. 基础制动装置

基础制动装置即制动装置中通过杠杆实现制动缸部分力的传递、扩大的连接装置。其通常包括：车体基础制动装置和转向架基础制动装置。

2. 空气制动装置

空气制动装置即制动装置中受司机直接控制的部分。其通常包括从制动软管连接器总成至制动缸，实现空气压力传递的装置。

3. 手制动装置

手制动装置即制动装置中以人力作为产生制动力的原动力，并对其进行放大，从而实现车辆的停放制动的部分。

二、客车空气制动机

1. 104 型空气制动机

104 型空气制动机是以我国自行设计制造的 104 型分配阀（见图 1－35）而命名的，其特点是以 104 型分配阀代替旧型制动机中的三通阀，设有容积为 11 L 的压力风缸（工作风缸）、容积为 120 L（制动缸直径为 356 mm）或 180 L（制动缸直径为 406 mm）的副风缸、制动缸排气塞门，无附加风缸。

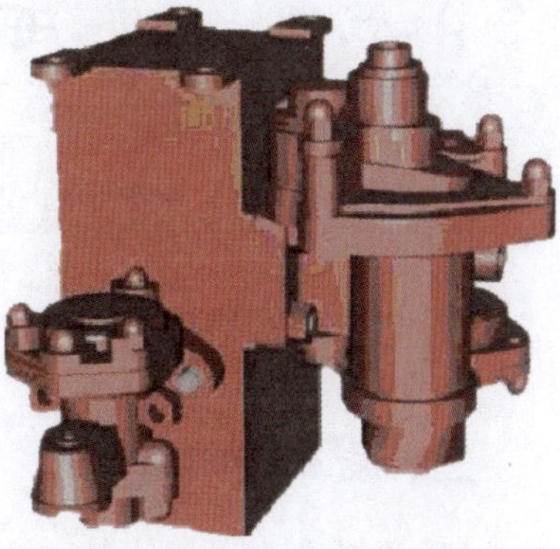

图 1－35 104 型分配阀

104 型空气制动机如图 1－36 所示。

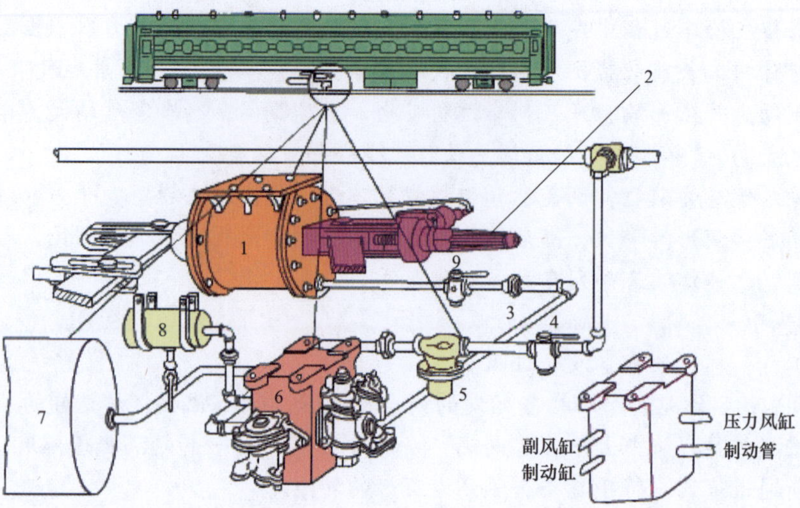

1—制动缸；2—闸瓦间隙自动调整器；3—制动软管；4—制动塞门；5—远心集尘器；
6—104 型分配阀；7—副风缸；8—压力风缸；9—制动排气塞门。

图 1-36　104 型空气制动机

2. F8 型电空制动机

F8 型电空制动机（见图 1-37）是为了适应铁路客车提速和扩大列车编组的需要而设计的新型客车制动机。F8 型电空制动机包括空气制动和电空制动两部分，由制动管、远心集尘器、截断塞门、压力风缸、分配阀、缓解塞门、制动缸和电空阀箱等组成。

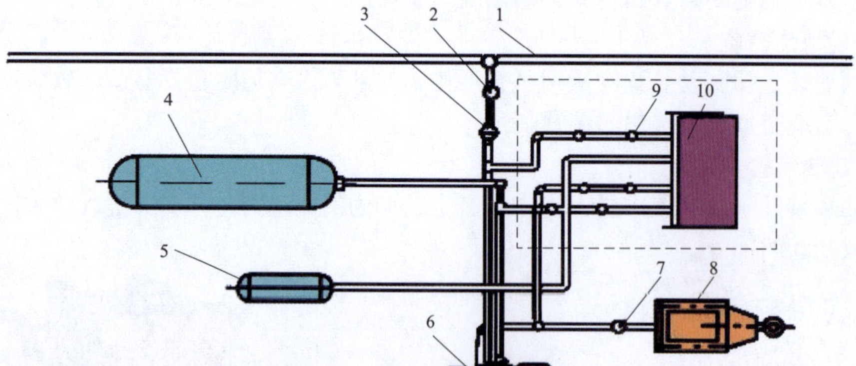

1—制动管；2—远心集尘器；3—截断塞门；4—副风缸；5—压力风缸；6—分配阀；7—缓解塞门；
8—制动缸；9—制动支管；10—电空阀厢。

图 1-37　F8 型电空制动机

三、货车空气制动机

120 型空气制动机由制动管、制动支管、截断塞门和远心集尘器组合装置（也有分成两个独立部件的）、120 型控制阀、副风缸、加速缓解风缸、制动缸、空重车调整装置（包括空重车阀、比例阀和降压气室）、折角塞门和制动软管等零部件组成，如图 1-38 所示。

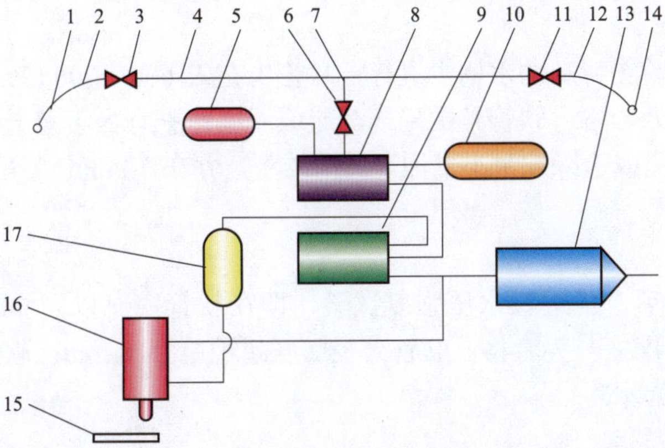

1—制动软管连接器；2—制动软管；3—折角塞门；4—制动管；5—加速缓解风缸；6—截断塞门与远心集尘器组合装置；7—制动支管；8—120 型控制阀；9—比例阀；10—副风缸；11—折角塞门；12—制动软管；13—制动缸；14—制动软管连接器；15—摇枕接触板；16—空重车阀；17—降压气室。

图 1－38　120 型空气制动机组成简图

120 型空气制动机使用 400B 型空重车调整装置，可根据车辆实际装载重量自动调整制动缸的压力，保持与载重相适应的车辆制动力，并能在车辆处于全空车位与全重车位的范围内，实现制动机制动力的无级调整。

四、空气制动机主要附件的构造及一般检修

1. 制动软管连接器

制动软管连接器（见图 1－39）是连接相邻各车辆的制动主管，能在列车通过曲线或各车辆间距变化时，不妨碍压缩空气的流通。制动软管的长度以 560 mm 为标准，公差不得超过±10 mm，内径一般是 35 mm，外径是 52～54 mm。

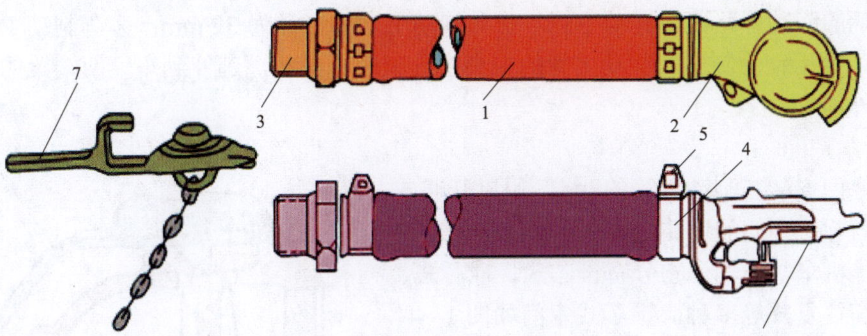

1—软管；2—软管连接器；3—软管接头；4—卡子；5—螺栓和螺母；6—垫圈；7—防尘堵。

图 1－39　制动软管连接器

制动软管连接器有下列故障时，必须及时处理：软管连接器破损、分离和漏泄；软管连接器或软管接头脱出；软管裂损。

制动软管组装后及车辆施行厂修、段修、辅修时，都必须按下列规定进行风、水压试验，合格后才准使用。

1）风压漏泄试验

软管风压漏泄试验在特制的水槽中进行，软管内充入 600～700 kPa 的风压，保持 5 min 不发生下列情况之一为合格：软管外围局部凸起或周围膨胀有显著差异；软管破裂或接头部分漏泄（但在软管表面或边缘发生小气泡，逐渐减少，并在 10 min 内消失者不算漏泄，可以使用）。

2）水压试验

软管在风压试验后，再进行水压强度试验，即在软管内充以 1 000 kPa 的水压并保持 2 min，不发生下列情况之一为合格：软管外径膨胀超过原型 8 mm；软管外径局部凸起及局部膨胀；软管破损、漏水。

3）风、水压试验标记

经过风压和水压试验合格的软管，用白磁漆在中央部位顺连接器方向涂打试验标记。

制动软管连接器试验标记如图 1－40 所示。

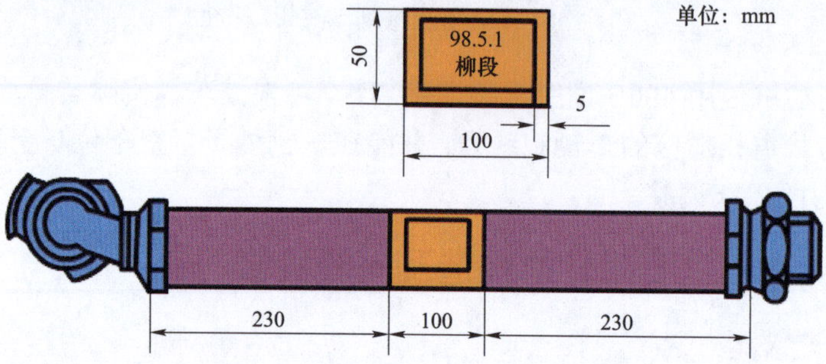

图 1－40　制动软管连接器试验标记

2. 制动管

制动管的用途是贯通车辆制动系统的压缩空气通路。通常包括制动主管和制动支管等。贯通全车辆的制动管路称为制动主管。货车制动主管的直径为 32 mm；客车制动主管的直径为 25 mm，均用钢管制成。制动主管的中央部分制成弯曲状，延伸到车辆两端梁的右侧，稍露出端梁外部。

3. 折角塞门

折角塞门安装在制动主管的两端，用以开通或关闭主管与软管之间的通路，以便于关闭空气通路和安全摘挂机车、车辆。它分有锥芯式、球芯式、半球芯式和往复式等多种。锥芯式塞门如图 1－41 所示。

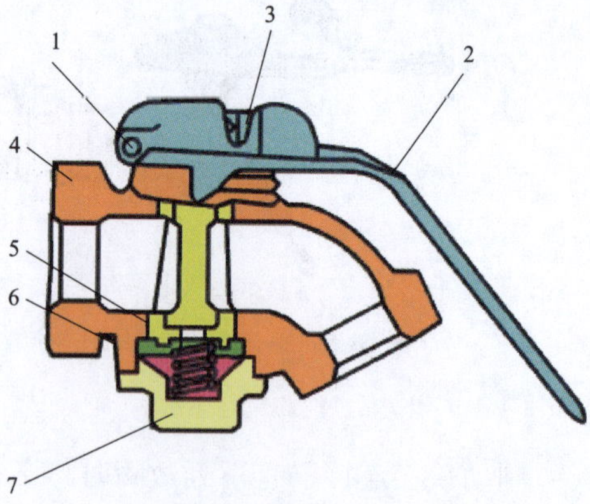

1—销；2—把手；3—套口；4—阀体；5—塞门芯；6—弹簧；7—盖。

图 1－41　锥芯式塞门

4. 截断塞门

截断塞门安装在制动支管上远心集尘器的前方，当列车中的车辆因装载特殊货物或列车检修作业需要停止该车辆制动机的作用时，关闭该车的截断塞门，切断车辆制动机与制动主管的压缩空气通路，同时排出副风缸和制动缸的压缩空气，使制动机缓解，以便于检修人员的安全操作。锥芯独立式截断塞门如图 1－42 所示。

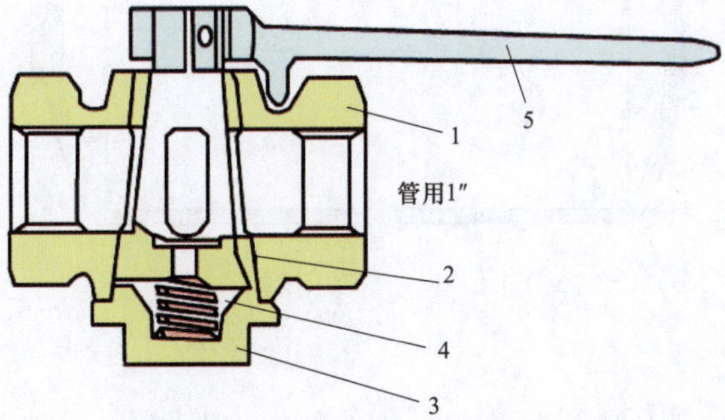

1—体；2—塞门芯；3—盖；4—弹簧；5—把手。

图 1－42　锥芯独立式截断塞门

列车中关闭截断塞门的车辆称为“制动关门车”，简称“关门车”。

5. 远心集尘器

远心集尘器安装在制动支管截断塞门与三通阀之间，用于清除制动主管压缩空气带来的砂土、水分、锈垢等不洁物质，以保证清洁的压缩空气进入三通阀或分配阀，确保三通阀或分配阀的正常工作。远心集尘器有组合式与独立式两种形式。组合式远心集尘器与截断塞门连接在一起，独立式的为单一集尘器。两者构造相同，都是由集尘器体与集尘盒两部分组成，用直径 13 mm 的螺栓结合在一起，为了防止压缩空气漏泄，在其中间设胶皮垫。集尘盒内有一垂直的固定杆，杆的顶端安放止尘伞，止尘伞可以自由转动和上下晃动。

6. 副风缸

常见的货车用副风缸有 GK 型、103 型。GK 型副风缸是用钢板焊制而成的，容积为 59 L。103 型副风缸，其容积的大小，是根据制动缸尺寸的大小来选配的，当制动缸的直径为 356 mm 时，副风缸的容积为 100 L。它的结构与 GK 型副风缸相似，但只在一端有螺孔，用以安装连通管。

GK 型副风缸如图 1－43 所示。

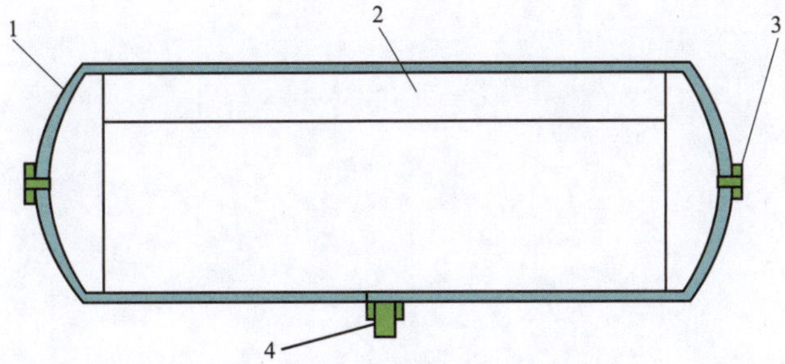

1—端盖；2—缸体；3—管接头；4—排水堵。

图 1－43　GK 型副风缸

客车用副风缸（见图 1－44）容积较大，也是用钢板焊接而成的。

图1－44　客车用副风缸

7. 制动缸

制动缸是将压缩空气的压力转化为机械力的部件。制动时，通过三通阀或分配阀的作用，制动缸接受副风缸送来的压缩空气，将制动缸活塞向外推出，变空气压力为机械推力，从而使基础制动装置动作，最后使闸瓦压紧车轮，产生制动作用。

8. 紧急制动阀

紧急制动阀又称“车长阀”，安置在客车和守车的车厢内，用红线绳铅封，并有“危险请勿动”警示牌。它的用处是当列车在运行中遇有危及行车安全或人身安全等紧急情况时，由车长或有关乘务人员拉动此阀，使列车产生紧急制动作用，迅速停车，以保证行车安全。

紧急制动阀由阀体、把手、偏心轴、阀杆、阀、阀垫、阀座等组成。

9. 压力表

压力表简称“风表”，安装在客车或守车车厢内紧急制动阀支管上，供列车乘务人员观察制动管内空气的压力。压力表分为单针和双针两种，车辆制动装置使用的是单针压力表。双针压力表可以指示两个不同部位的空气压力，一般用在机车和制动机试验设备上。

任务实施

时间	任务	实施	说明
20 min	子任务 1　区分铁路客车、铁路货车制动机	104 型空气制动机组成：____ 120 型空气制动机组成：____	简述制动系统的组成
20 min	子任务 2　看图识别部件	货车制动机部件：________ 客车制动机部件：________	识别货车制动机与客车制动机的各部件名称
20 min	子任务 3　掌握空气制动机核心部件的作用	副风缸的作用：________ 制动缸的作用：________ 折角塞门的作用：________ 制动阀的作用：________	结合教材分析各部件的作用

任务评价

类型	评价标准（打 √）	加、减分项（列举）	创新点（列举）
自我评价	A：□B：□C：□D：□	加分项：__________ 减分项：__________	
小组评价	A：□B：□C：□D：□	加分项：__________ 减分项：__________	

填表说明：A：85～100 分；B：70～84 分；C：60～69 分；D：<60 分。

加分项：在原有课程资源基础上，能拓展出新的知识与技能，能升华出劳动光荣、敬业精神、爱国主义、奉献社会、工匠精神、创新创业等意识。

减分项：比对教师的参考答案和其他组的结论，对部分知识点和基本技能的掌握有缺失。

创新点：在学习方法、学习技能、知识拓展、思维创新等方面有具体突破。

任务拓展

1. 了解新型的制动形式（如电磁制动、电阻制动、磁轨制动）的制动原理。
2. 比较铁路车辆、铁路机车、动车组、城市轨道交通车辆制动的异同。
3. 分析基础制动装置在整个制动系统中的作用。

任务 1.6 客车车内设备——旅客列车“家装”

任务描述

掌握铁路客车内为旅客服务的设备与设施。

学习目标

能说出为旅客服务的设备与设施的工作原理与结构。

全景思政

带您看看我军首列卫生列车

【科技创新】

2020 年 8 月 6 日上午，伴随着响亮的汽笛声，一辆加挂 6 节功能车厢的卫生列车驶出站。这标志着我军拥有了首列卫生列车。

据悉，由陆军军医大学新桥医院开发的卫生列车，由指挥车、医疗护理车、手术急救车、重症监护车等车厢组成，最大编组 19 节，可一次性装载近 500 名伤员，在运输途中能展开继承性救治、手术急救、重症监护等医疗服务。该卫生列车具有“接收批量大、机动速度快、区域跨度广、医疗设施齐、救治能力强”等显著优势，特别适用于我国地域面积辽阔、铁路网络发达条件下的伤病员送转运和途中医学保障，相当于一所流动的“二级医院”。列车“流动医院”如图 1–45 所示。

图 1–45 列车“流动医院”

【行业精神】

“在卫生列车研制过程中，获得国家发明和实用新型专利 15 项。特别是为解决铁路客车断面空间与现行空气净化装置的矛盾，利用车厢顶部狭小空间，在空调机组内部设置中低效过滤器、风道前端设置高效过滤器、手术台正上方设置低阻力亚高效过滤器三级净化过滤装置，保证了列车手术区内空气洁净度达到Ⅲ级医疗环境标准要求。”

那么，卫生列车里主要有哪些特殊装置呢？

（1）手术操作定位架。在快速运行状态下，列车的震动及晃动，会影响医护人员的手术操作。为解决这一技术难题，该专列设置了包括定位板、调节支柱、人体固定装置在内的手术操作定位架，可在列车运动时保证手术处于相对稳定状态，进而保证手术成功率。手术操作定位架如图1－46所示。

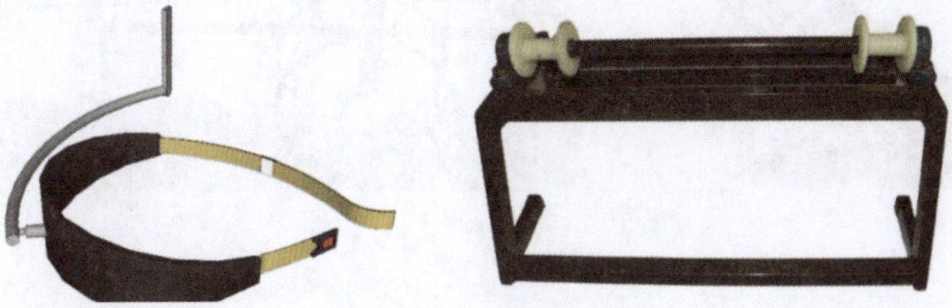

图1－46 手术操作定位架

（2）悬挂式担架辅助装置。这是根据卫生列车伤病员上车需要设计的。它采用滑轮和支撑结构，悬挂于列车窗口，滑轮轮距与军用四折担架宽度相等，主要用于高站台条件下辅助伤病员通过担架方式，上乘至卫生列车车厢，增加上乘过程的平稳性，减少搬运人员数量。

（3）骨折伤牵引装置。这一装置占用空间小，可实现在列车卧铺上对骨折伤患者的牵引，且能在高速运动的列车里使牵引保持稳定，实现对患者的牵引止动，不易给患者造成二次损伤。

【创新精神】

（1）轨道式输液架。该输液架的悬挂杆能在导轮安装架和止动升降组件中做任意旋转运动，实现输液架在轨道中的相对位置固定，可有效解决运动状态下输液架随撞动、震动、晃动而产生的移位问题。轨道式输液架如图1－47所示。

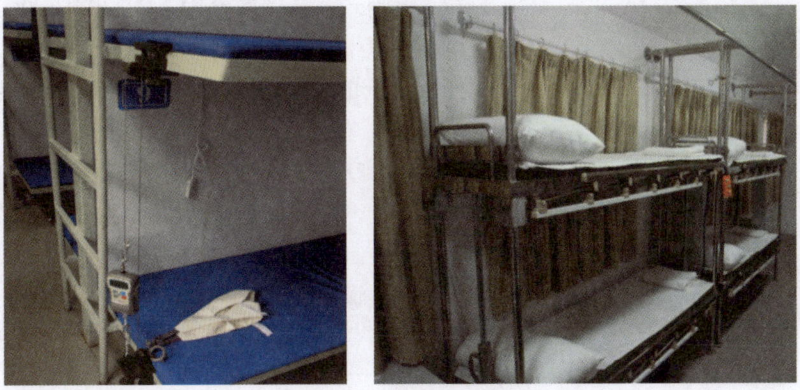

图1－47 轨道式输液架

（2）电动双层升降床。可通过遥控器调整病床水平位置，减少伤病员人工搬运环节，方便对重症伤病员进行安置和诊疗。同时，预设上铺下降的最低限高，防止对下铺伤员造成损伤。

（3）车载伤员转运推车。该设备可将伤员以“站姿”方式进行转运，同时兼具横向平移功能，满足伤员在列车车厢狭窄空间内进行转运的现实需求。

（4）下滑式轨道手术床。在传统手术台下方加装滑轨，使手术台具备平移滑动功能，与手术区侧开门和伤员转运推车配合使用，可增大伤病员转运空间，方便将伤病员转运至手术台接受手术治疗。下滑式轨道手术床如图 1-48 所示。

图 1-48　下滑式轨道手术床

一、电茶炉

电茶炉也称电开水炉、电开水锅炉、电茶水锅炉、电饮水锅炉、电茶水炉，是为了满足铁路旅客饮用开水的需求而设计、开发的一种利用电能转化为热能生产开水的饮水设备。

二、采暖装置

1. 采暖装置概述

采暖装置包括机械通风电预热器和室内辅助电加热器两个部分，二者均能自动、手动调节，变负荷工作并且可以轮流使用。前者借助空调主风道将预热空气送入客室内，后者则直接加热客室内空气。这样，两者有机配合共同完成客车采暖工作。

2. 电热器的分类

按结构分类，电热器主要分为板式电热器和管式电热器。电热器主要由电热板（或电热管）、底板、面罩与电源接线盒等组成。

按供电制式，电热器分为 AC 220 V、DC 600 V 两种。

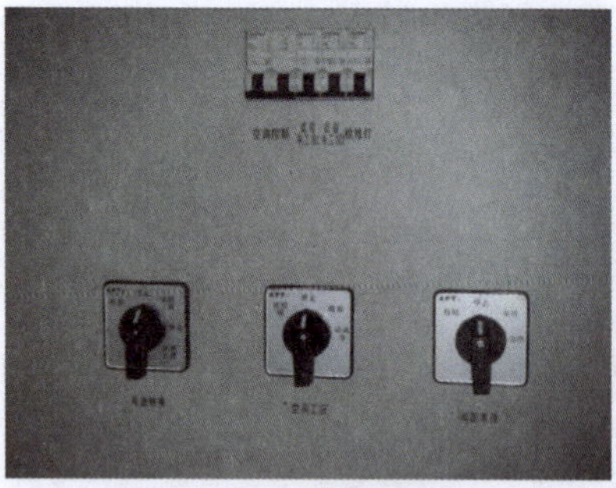

图 1-49　电采暖控制面板

3. 采暖系统控制

采暖系统的运行通过空调控制单元来自动操作和控制。空调控制单元默认的运行模式是“自动”，在该模式下空调控制单元根据室内温度传感器测量的温度值与设定值进行比较，根据偏差来自动实现空气预热器和辅助预热器的开关控制和加热功率选择。根据需要，列车乘务人员也可以将空调控制单元的运行模式设定为“50%加热”和“100%加热”两种模式。电采暖控制面板如图 1-49 所示。

4. 电热器的安全性能

电热器供电回路加装超温保护器，在电热板（或电热管）温度超 210 ℃时，保护器熔断并不可恢复。

三、空调系统

空调系统是铁路客车使用的空气调节设备，工作人员可根据需要调节车内的空气参数，在车内创造既卫生又舒适的环境。空调机组的结构型式为车顶单元式，一般安装在车顶端部。客车车顶空调如图 1－50 所示，与空调机组配套的综合控制柜安装在车内配电室，空调机组与综合控制柜通过电气连接器（插头、插座）连接。空调机组出风口与车内主风道之间通过软风道连接，空调机组处理后的空气经车内主风道由送风口送入室内。空调系统包括空调机组、送风系统、回风系统、自然通风系统、废排系统、预热系统等组成。

图 1－50 客车车顶空调

1. 空调机组

空调机组有两种不同的供电制式。

（1）AC380 V/220 V 供电时，控制电压为 AC220 V。

（2）DC600 V 供电时，控制电压为 DC110 V。

空调机组（见图 1－51）具有两个独立的制冷系统，方便能量调节。外壳由不锈钢制造，防腐性能好。制冷系统具有高低压保护功能，采用技术先进的涡旋式压缩机，涡旋式压缩机具有振动小、低噪声、体积小、重量轻、可靠性高等特点。机组内部设新风温度传感器和电动新风调节阀，能够根据需要调节新风量和温度，加热新风的电加热器具有过热保护功能。

图 1－51 空调机组

2. 送风系统

送风系统（见图 1－52）包括主送风道、支送风道、送风口等。风道主要采用具有高强度特性和良好耐火性能的玻璃钢或铝箔复合板材料制作，玻璃钢材质粘贴保温材料和吸音材料。各种车内风口采用轻型的铝合金材料制作，表面进行喷塑处理。

图 1－52　送风系统

3. 回风系统

客室及卧铺包间的回风经风口回到空调机组，促进车内空气循环。回风系统如图 1－53 所示。

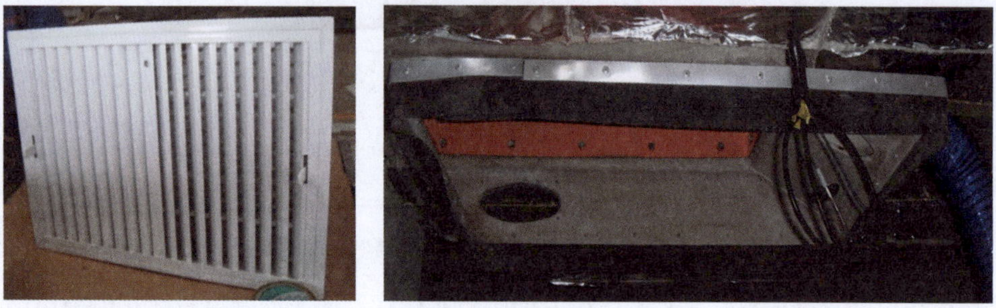

图 1－53　回风系统

4. 自然通风系统

卫生间门和顶上设风口，风口可调节，促进卫生间内空气流至车外。自然通风系统如图 1－54 所示。

图 1－54　自然通风系统

四、真空集便装置

真空集便装置包括两套便器、冲便按钮、车上排污管及伴热、车下排污管及伴热、车下污物箱，以及系统控制板（安装在卫生间墙板后）。两套便器独立工作，共用一个污物箱。

任务实施

时间	任务	实施	说明
20 min	子任务 1　列举客车车内为旅客服务的设备	固定设施：________ 电气设施：________ 安全设施：________	结合教材讨论客车车内为旅客服务的设备
20 min	子任务 2　看图识别部件	电茶炉：________ 采暖装置：________	看图识别电茶炉、采暖装置等车内设备，并说明其功能
20 min	子任务 3　比较家用空调与客车空调的异同	家用空调：________ 客车空调：________	从结构、工作原理、制冷的过程等方面讨论家用空调与客车空调的异同

任务评价

类型	评价标准（打√）	加、减分项（列举）	创新点（列举）
自我评价	A：□B：□C：□D：□	加分项：________ 减分项：________	
小组评价	A：□B：□C：□D：□	加分项：________ 减分项：________	

填表说明：A：85～100 分；B：70～84 分；C：60～69 分；D：＜60 分。

加分项：在原有课程资源基础上，能拓展出新的知识与技能，能升华出劳动光荣、敬业精神、爱国主义、奉献社会、工匠精神、创新创业等意识。

减分项：比对教师的参考答案和其他组的结论，对部分知识点和基本技能的掌握有缺失。

创新点：在学习方法、学习技能、知识拓展、思维创新等方面有具体突破。

任务拓展

1. 讨论客车照明系统有哪些部件，有哪些新型照明设备应用于现行客车。
2. 讨论旅客信息显示系统有哪些新的功能。
3. 铁路客车内还有哪些新的设备正有效地改善旅客的乘车体验。

任务 1.7 铁道车辆检修制度——分析火车的“体检”

任务描述

了解铁路客货车的运用与管理制度。

学习目标

掌握客货车的厂修、段修制度；熟悉到达、始发货物列车检查制度；熟悉客车的库列检、车辆乘务检查制度。

全景思政

小伙儿挑起安全大梁

【敬业精神】

殷玉柱，28 岁，共产党员，包头西车辆段包西检修车间轮轴检查组检查员。参加工作 3 年来，他检查、选配优质货车轮对轴承 30 多万套，超出正常作业量 10 万多套，发现各类故障近千个。经他检查的轴承没有一套“带病”上线。他曾连续两年被评为呼和浩特铁路局优秀共产党员，并荣获火车头奖章。

【行业精神】

在呼和浩特铁路局包头西车辆段包西检修车间机械轰鸣的轮对检查线上，一位小个子青年正猫着腰，仔细检查着货车轮对轴承：他双眼紧盯面前滚过的轮对，时而俯身快速转动轴承，侧耳细听异音，时而用轴向游隙测量仪认真测量，嘴里还默念着：“轴承转动无异音，轴向游隙未超过 0.75 毫米……”在他手里，冰冷的钢铁像是有了生命，他就像医生一样，对每一个部位都仔细检查。

“柱子！过来一下。”听到工长的喊声，他才抬起头，走了过来。

“他就是殷玉柱，大家都爱叫他‘柱子’。”仔细打量眼前这个身高只有 1.55 米的小伙子，面容青涩，眼神憨厚，藏蓝色的工装穿在他身上显得又肥又大。

记者与他握手，他却先把自己黝黑的手在衣角上小心翼翼地蹭了蹭。交谈时，他憨厚的眼神流露出些许紧张。车间党总支书记韩生笑着说：“别看殷玉柱个子小，他可是我们安全的‘顶梁柱’呢!”

“轴承就像车辆的膝关节，车辆轴承的好坏，直接关系着列车上线运行”——这个责任，让殷玉柱每天都要对前一天已经检查过的未上线轴承进行二次复查。每天都要对他所负责工序前已经检查完毕的头道工序进行二次核查，这给他增加了额外的工作量，可殷玉柱却说：“安全大于天，丝毫马虎不得。”

“这小个子身体里可蕴藏着大能量。”说起殷玉柱，车间主任马向前这样形容他，“柱子总能让你感到他身上的那股奇特劲儿。”

包头西车辆段承担着呼和浩特铁路局管内 2/3 以上的货车厂修、段修、辅修、运用维修任务和全部轮轴生产组装工作。殷玉柱所在的包西检修车间轮轴检查组则负责轮对收入、轮径测量、轮对内距测量、轴承外观检查、轮对支出等工作。

【美德传承】

"我和师傅李秀敏负责全段所有轮对轴承的外观检查，每天要有 400 套轴承从我们手中经过。"殷玉柱脸上露出自信，头头是道地讲起了他检查故障的"绝活"：在不打开轴承的情况下，只通过手感和声音就要辨别出轴承外圈内滚道麻点、轴承滚子碾皮、轴承内圈外滚道剥离、轴承滚子擦伤锈蚀等 17 种轴承故障，"咯噔、咯噔"的感觉是内外圈剥离，"沙沙"的细声是滚子出现锈蚀，"嗡嗡"的蜂鸣声是轴承油封脱落……用殷玉柱的话说："判断轴承故障像极了中医'望闻问切'中的'切'。"

【工匠精神】

"柱子能练出这手'绝活'，全靠他'勤''细''倔'的劲头儿。"师傅李秀敏把徒弟的点滴进步都看在眼里。

殷玉柱每天总是提前一个小时来到车间，给工友打好水，清扫车间，然后到轴承故障实验轮对前反复练习轴承转动检查手法和听音辨别的技巧，最后还要对前一天已经检查过的未上线轴承进行复查。

"这样的复查让柱子每天多出了许多额外工作量。"在工友眼中，殷玉柱是个闲不住的人。检查轮对踏面是殷玉柱工友负责的前一道工序，为了防止轮对踏面出现剥离时对轴承造成影响，殷玉柱总是不放心，要对已经检查完毕的这一道工序进行二次核查。他说："轴承就像货车的膝关节，为了保证安全，复查再多遍都值得。"也因为这些额外工作，殷玉柱的作业手套总是坏得最快，为了节支，他还有个小窍门——把手套正反换着戴。

2012 年 7 月，殷玉柱在为旋转轴承做外观检查时，发现轴承存在异音，但他退卸检查后，却没有发现故障。"那么大的异音，怎么可能没问题？"较真的殷玉柱不太放心，继续对轴承做跟踪检查。但是，经过再次检查后，他仍未发现故障，随后将故障轴承送往检测间清洗、检测。当轴承盖被打开时，一处罕见的故障终于被发现了——轴承油封脱落。就连工作多年的老师傅都说："这样的故障很难被发现。"

2013 年 6 月，全路集中整治破损车，车间检修任务骤增。殷玉柱每天加班加点工作，热饭经常变成凉饭才吃。一天，殷玉柱在检查作业时，突然觉得腹部剧痛。工友们把他送到医务室，才知道由于他饮食不规律，引发了急性肠胃炎。医生和工长都叮嘱他好好休息，而躺在床上的殷玉柱却还惦记着他的轴承。吃完药，他又悄悄地溜回了岗位……每每说起这件事，工长裴平都说："他倔得像头牛。"

【求真务实】

正是凭着这股劲儿，殷玉柱在短短 3 年的工作时间内，业务技术水平突飞猛进。2014 年 3 月，他在对轴承进行外观检查时，因发现轴承外圈滚道剥离的重大典型故障，避免了燃切轴事故，受到了呼和浩特铁路局的重奖。

"缺乏知识，就像航行没有了航标灯，一个好工人就应该是有知识的'高级蓝领'。"——这个追求，让殷玉柱沉下心狠学狠练，并总结出"转轴承、听异音、捻油脂、看外观"的"十二字不退卸轴承检查法"。短短 3 年间，他检查、选配优质轮对轴承 30 多万套，发现各类轴承故障近千件，从没让一套"带病"轴承上线。可殷玉柱永不知足："'三分天注定，七分靠打拼'，我最大的愿望就是成为高级技师。"

殷玉柱的老家在黑龙江农村，父母都是地地道道的农民。每次他给家里打电话，父母总会叮嘱："有份工作不容易，在那边可要好好干。"父母的话，殷玉柱牢记在心。

"好好干，就是要当个有出息的好工人、有知识的'高级蓝领'。"殷玉柱说自己最大的愿望是做一名高级技师。

然而，实际情况却没他想象中那么容易。回想起2011年参加工作之初，因为抬不动货车心盘，急得哭鼻子的经历，殷玉柱有些尴尬："因为身材矮小，无法承担重体力活，车间了解情况后，把我从台车组调整到了轮轴检查组。"

那时，殷玉柱就暗下决心："个子小，更要干出大名堂！"

可是，上岗第一天，徒手转动轴承判断故障，就让殷玉柱犯了难："轴承转起来感觉都差不多，自己觉得有故障的轴承，师傅却说没问题。"心里急成一团火的殷玉柱没吭声，反而沉下心，跟着师傅从"听、看、摸、捻、转、诊、鉴"七字滚动轴承内部故障检查法慢慢开始学起。

轴端螺栓、施封锁、防松片、标志板是轴承端头"四小件"，要重点检查；前盖、油封装置、后挡，更要"细上加细"……从几毫米的磨耗限度，到车辆运行过程中轴承的受力情况，殷玉柱很快把轴承构造稔熟于心。

手掌放于轴承外圈，用一定力度由轻到重进行按压，C_{60}型货车轴承转动4到5圈，C_{70}/C_{80}型货车轴承转动6到7圈，然后快速旋转轴承，听内部声音是否有异常，最后用游隙表测量……轴承检查的技术要领，殷玉柱一遍又一遍地反复练习，21米长的轮对检查线成了他的"学习课堂"。

闲暇时，工友们聚在一起玩牌、聚会，殷玉柱却很少参加。起初，大家以为他性格孤僻，后来才知道，殷玉柱把大多数时间都用在了学习上。

【奋斗精神】

每天下班回到宿舍后，除了做饭和饭后收看央视《新闻联播》，其余的时间，殷玉柱都在看书学习。简单的宿舍里，除了生活用品外，最显眼的就是他吃饭和学习共用的"书桌"和桌上已经被翻烂了的业务书。墙上密密麻麻地贴着学习计划表：每周一三五看《车辆构造与检修》《轮轴装修工》等车辆检修和轴承检查的理论书籍，每周二四六复习"台车""钩缓""落成""车体"的8 200道业务试题。殷玉柱做题还有自己的一套方法：会的划勾，不会的用彩色笔标记，印象不深的就动笔摘录，最后练习不看选项，把选择题当成填空题做……

随着经验的积累，殷玉柱摸索并总结出了"转轴承、听异音、捻油脂、看外观"的"十二字不退卸轴承检查法"。他也先后两次在全段青年技能大赛中夺冠。

"作为一名共产党员，自己党龄短，更需要处处做出表率。"——这个信念，让殷玉柱少了大多数年轻人的"潇洒"。他一年四季最常穿的就是工装，不抽烟、不喝酒，每个月的花销不到500元。虽然对自己要求有些苛刻，但殷玉柱经常说："帮助别人，心里踏实。"

"柱子心眼儿特别实诚。"老师傅王世华为殷玉柱竖起了大拇指，"看到别人有困难，他肯定要相助。下班时，柱子常主动帮助别人分担工作任务，让路途远的师傅能够按时回家。"

轮轴检查组的22名职工中，青工占了15人，大家都受到过殷玉柱的帮助。和殷玉柱同批入路的青工陈炳瑞一说到自己的进步，就准要先感谢殷玉柱的功劳："就连'轮对滚动时禁止穿行''及时安放止轮器'这些安全事项，他都会提醒我们注意。"

一次，一名工友问他："轴向游隙表测量标准为什么是轴向游隙不超过0.75毫米？前指针为什么要卡在轮毂位置？”对于规章规定的硬性内容，殷玉柱一时也没能详细解答。下班后，他专门上网查找资料，并用了近一周时间持续在实作中验证这种轴承检测方法，最终为工友解答了疑惑。

在殷玉柱的带领下，同班组的青工成绩突出。如今，大家比着学习、争着进步，作为班组里的“老青工”，31 岁的张勇感到“压力山大”：“柱子在班组中掀起了学习风，我们谁都不能落后。”

不善言辞的殷玉柱，内心却丰富多彩。他除了爱看书，还喜欢一个人“宅”在宿舍里静静地听音乐。他说，每次听到《美丽的草原我的家》，都会让在东北出生的他，把感情深深地融进草原、融进铁路。还有更美的事呢：去年段里给殷玉柱分配了住房，最近家里还给他介绍了女朋友。

殷玉柱常美滋滋地想：“家就安在边疆草原了。”

一、车辆检修制度概述

车辆长时间运行，不可避免地会发生磨耗、裂纹、折损、变形、松弛和腐蚀等损伤。

1. 检修目的

及时发现和消除车辆零部件在运用中产生的不良状态，以恢复其正常的运用性能，保证铁路客货运输工作不间断、安全进行。

2. 检修制度类型

（1）计划修：把车辆维修分为若干个修程（以运行时间或公里数为标准划分），进行有计划预防性维修。计划修需要通过统计试验，确定主要零部件的修理周期；根据不同零部件特点，合理划分修程；制定相应的检修限度和修理技术要求；修理基地分布要合理。

（2）状态修（寿命管理）：按车辆技术状态进行必要的修理，没有明确计划，不做根本性修理，使用到一定程度就报废。状态修需要车辆具有比较高的质量；需要对车辆运行状态做必要的监视；维修工作量比较小；修理基地规模小。

3. 我国车辆检修制度

我国车辆检修实行以计划修为主、状态修为辅的计划预防检修制度，分定期检修和日常维修两大类。

（1）定期检修：车辆每运用一定时间（或里程）对车辆的全部或部分零件进行一定程度的检修。定期检修可按照相关规定适当提前或延期，多修程同时到期，可进入高级修程。

（2）日常维修：保证运用中的车辆具有良好技术状态，及时发现故障并处理，保证行车安全。

货车日常维修由铁路沿线列车检修所（列检所）实施。

客车日常维修包括库列检、客列检、乘务检。

4. 检修限度

检修限度是指车辆在检修时对车辆零部件允许存在的损伤程度的规定。其是车辆检修工作的依据。

（1）最大限度（运用限度、列检限度）：允许车辆零部件存在损伤的极限程度，是零部件能否继续运用的依据。

（2）中间限度：各种定期检修时允许存在的零部件损伤程度，分厂修限度、段修限度和辅修限度三种。

举例：货车 HD 型车轮轮缘厚度，厂修限度为 30 mm，段修限度为 26 mm，运用限度为 23 mm。

二、货车单车技术检查

货车单车技术检查作业程序如下。

1. 车体端部及车钩

检查顺序：

角柱—上端梁—端板—（渡板—折页—折页销及开口销—折页座）—端梁—冲击座—钩肩—上锁锁孔—钩腕（牵引杆）。

2. 软管、塞门补助管

检查顺序：

软管连接器—（吊链）—制动软管—软管接头—折角塞门—补助管及卡子。

3. 车钩托梁、缓冲器及各梁

检查顺序：

车钩托梁（支撑弹簧及座）—钩身—右侧钩尾扁销及安全吊架（钩尾销托板）螺栓及开口销—右侧（安全托板）钩尾框托板及螺栓—右侧钩尾框—右侧中、枕、侧梁—地板—主管—防脱球阀截断塞门—支管法兰及螺栓—脱轨制动阀—制动阀安装座螺母—锁紧螺母、调节杆限位圆销及开口销—顶梁—拉环园销锁—拉环—左侧钩尾扁销及安全吊架（钩尾销托板）螺栓—左侧（安全托板）钩尾框托板及螺栓—左侧中、枕、侧梁—地板。

4. 旁承、摇枕、制动梁、游动杠杆（固定杠杆）、交叉杆（弹簧托板）及枕簧

检查顺序：

右侧旁承—心盘—左侧旁承—摇枕—右侧制动梁梁体（撑杆）、支柱—左侧制动梁梁体（撑杆）、支柱—上拉杆托架圆销、开口销—上拉杆（固定支点及座）圆销、开口销—中拉杆圆销、开口销—支柱（下拉杆）圆销、开口销—右侧交叉杆杆体上部—上盖板（扣板）—左侧交叉杆杆体上部。

5. 车轮内侧

检查顺序：

左侧车轮辐板内侧—车轴—右侧车轮辐板内侧。

6. 车体定检及侧梁

检查顺序：

车体—车门—车门折页（集装箱锁闭装置）—折页销及开口销—折页座—搭扣、绳栓、柱插—侧梁—罐车卡带及鞍木—定检标记。

7. 车轮踏面及滚动轴承（轴箱）

检查顺序：

车轮踏面—车轮外侧—内侧密封罩—侧架（里侧）导框弯角—承载鞍—本侧交叉杆环形焊缝—轴箱橡胶垫—承载鞍—外侧密封罩—轴端螺栓—轴承外圈（滑动轴承按如下顺序检查：防尘板盖螺栓—轴箱耳圆销、开口销—轴箱盖—轴箱盖螺栓—轴箱底部—轴箱耳圆销、

开口销）。

8. 侧架、支撑座、车轮及闸瓦托

检查顺序：

侧架（外侧）导框弯角—侧架上弦梁弯角—侧架摇枕弹簧承台弯角—交叉杆端头螺栓及防松垫止耳—车轮下部—闸瓦—闸瓦插销—闸瓦托铆钉—车轮上部。

9. 侧架、摇枕

检查顺序：

侧架上弦梁—侧架左侧斜楔主摩擦板—摇枕—侧架右侧斜楔主摩擦板—侧架弹簧承台及各弯角。

10. 侧架、支撑座、车轮及闸瓦托

检查顺序：

侧架（外侧）导框弯角—侧架上弦梁弯角—侧架摇枕弹簧承台弯角—交叉杆端头螺栓及防松垫止耳—车轮下部—闸瓦—闸瓦插销—闸瓦托铆钉—车轮上部。

11. 滚动轴承（轴箱）及车轮踏面

检查顺序：

侧架（外侧）导框弯角—轴箱橡胶垫—承载鞍—外侧密封罩—轴端螺栓—轴承外圈—承载鞍—内侧密封罩—车轮外侧—本侧交叉杆环形焊缝—车轮踏面（滑动轴承按如下顺序检查：防尘板盖螺栓—轴箱耳圆销、开口销—轴箱盖—轴箱盖螺栓—轴箱底部—轴箱耳圆销、开口销）。

12. 各梁、摇枕、制动梁及交叉杆（弹簧托板）

检查顺序：

大横梁—中梁—枕梁—侧梁—地板—主管、法兰、卡子及螺栓—防脱球阀截断塞门—支管法兰及螺栓—脱轨制动阀—制动阀安装座螺母—锁紧螺母及调节杆限位圆销及开口销—顶梁—拉环圆销锁—拉环—左侧旁承—心盘—右侧旁承—横跨梁、螺栓及开口销—摇枕—横跨梁、螺栓及开口销—调整阀—左侧制动梁梁体（撑杆）、支柱—固定支点及座（上拉杆）圆销—中拉杆圆销—支柱（下拉杆）圆销—左侧交叉杆杆体上部—上盖板（扣板）—右侧交叉杆杆体上部。

13. 车轮内侧

检查顺序：

左侧车轮辐板内侧—车轴—右侧车轮辐板内侧。

14. 车体各部

检查顺序：

下侧门—车门折页（集装箱锁闭装置）—折页销及开口销—折页座—车体—侧开中门—车门折页（集装箱锁闭装置）—折页销及开口销—折页座—上下门插销（中门开闭杆手把及锁铁）—搭扣、绳栓、柱插—侧梁—罐车上部车顶走板、防护栏。

15. 中侧梁、加速缓解风缸、集尘器、制动阀

检查顺序：

半自动缓解阀拉杆吊、拉杆及开口销—侧梁—大横梁—中梁—地板—加速缓解风缸吊架及螺栓—加速缓解风缸—连通管法兰盘及螺栓—截断塞门集尘器联合体—120 型控制阀各部

件连通管、安装座螺栓和螺母—120 型控制阀吊座及螺栓—空重车调整塞门、把手。

16. 各梁、降压风缸、制动缸、闸调器

检查顺序：

侧梁—大横梁—中梁—地板—容积风缸（降压风缸）吊架及螺栓—安全阀及连通管—限压阀—制动缸后杠杆圆销、开口销及托架—闸调器及托架（中拉杆圆销、开口销）—制动缸后杠杆支点螺栓—制动缸连通管安装座及螺栓—制动缸吊架螺栓—制动缸。

17. 中侧梁、制动缸杠杆

检查顺序：

侧梁—大横梁—中梁—地板—制动缸前杠杆圆销、开口销—控制杆圆销、开口销—制动缸前杠杆托架—制动缸推杆圆销、开口销—控制杠杆圆销、开口销—制动缸拉杆圆销、开口销—制动拉杆吊架及螺栓。

18. 车体各部及各梁

检查顺序：

车体—下车门—车门折页（集装箱锁闭装置）—折页销及开口销—折页座—搭扣、绳栓、柱插—侧梁—枕梁—中梁—横梁—地板—固定支点（上拉杆）圆销—中拉杆（支柱）圆销—下拉杆圆销—防脱球阀截断塞门—支管法兰及螺栓—脱轨制动阀—制动阀安装座螺母—锁紧螺母及调节杆限位圆销及开口销—顶梁—拉环圆销锁—拉环（含 P70 防脱球阀截断塞门）。

19. 人力制动装置（地板以上）、车体端部及车钩

检查顺序：

防脱球阀截断塞门—支管法兰及螺栓—脱轨制动阀—制动阀安装座螺母—锁紧螺母及调节杆限位圆销及开口销—顶梁—拉环圆销锁—拉环—人力制动机拉杆—人力制动机拉杆吊架及螺栓—人力制动机链轮圆销、开口销—人力制动轴链—人力制动轴托架—人力制动轴链螺栓及开口销—人力制动轴下导架—踏板—棘子—棘子锤—掣键—人力制动轴上导架（折叠手制动机折页及圆销、开口销）—手轮螺母及开口销—角柱—（上端梁）—端板—端梁—钩提杆座—钩提杆（复位弹簧）—提钩链及圆销、开口销—上锁销孔—冲击座—钩肩—上、下钩耳—钩舌销及开口销—车钩托梁—车钩托梁（冲击座止挡块）螺栓—支撑弹簧及座—车钩防跳止销—钩舌—车钩三态作用。

三、客车单车下部技术检查作业程序标准

1. 检查范围分工

（1）1 号、2 号两名检车员同时进行，以车辆纵向中心线为界，二人跨轨平行作业。转向架内部，进行跨制动梁检查作业。

（2）1 号检车员由车辆一位侧二位端开始作业。2 号检车员作业程序与 1 号检车员对称，但位数不同。

（3）心盘中心销由钩提杆侧检车员负责，心盘垫板、螺栓以车辆纵向中心线为界各自负责。

（4）中拉杆及其调整装置，均衡杠杆中间圆销、开口销的检查，一位侧由 2 号检车员负责；二位侧由 1 号检车员负责。由非制动缸侧检车员负责检查 ST1－600 型闸调器。

（5）车钩钩尾扁销横穿螺栓由螺母安装侧检车员负责。

（6）闸瓦差由 1 号、2 号检车员呼唤应答确认。

（7）旁承间隙由 1 号、2 号检车员呼唤应答确认。

（8）检车员负责本侧的中、侧、端梁，枕梁，牵引梁，缓冲器及车体外侧面的检查。

2. 检查部位、程序简明表

检查部位、程序简明表如表 1－2 所示。

表 1－2　检查部位、程序简明表

部位顺号	部位名称	包括程序代号
1	二位端车体外端部	1、2、3
2	二位端车底架端部	4、5
3	二位端转向架内部	6、7
4	二位端扶手脚踏架部	8
5	二位端转向架外部	9、10、11、12、13、14、15、16、17、18
6	二位端转向架内部	19、20、21
7	制动机部	22、23
8	一位端转向架内部	24、25、26
9	一位端转向架外部	27、28、29、30、31、32、33、34、35、36
10	一位端扶手脚踏架部	37
11	一位端车体外端部	38、39、40
12	一位端车底架端部	41、42
13	一位端转向架内部	43、44

3. 检车员作业程序示意图

检车员作业程序示意图如图 1－55 所示。

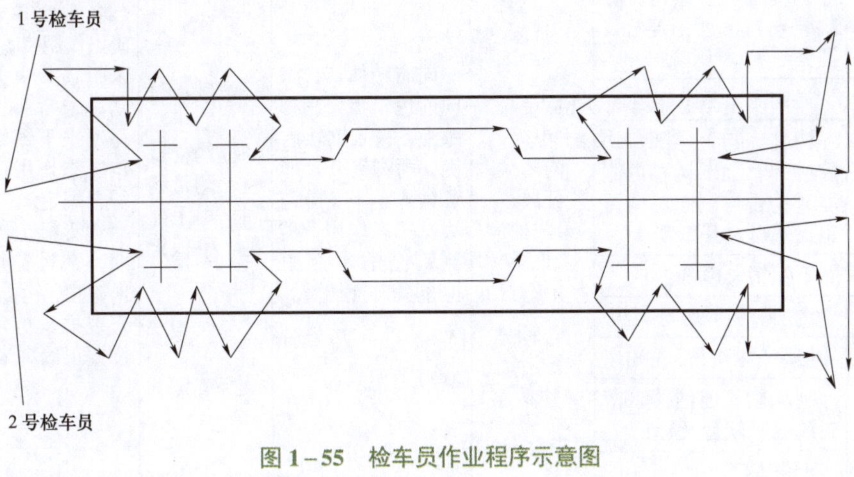

图 1－55　检车员作业程序示意图

4. 检查作业程序标准

<table>
<tr><th colspan="3">程序</th><th colspan="3">检查</th><th rowspan="2">质量要求</th></tr>
<tr><th>顺号</th><th>项别</th><th>内容</th><th>使用工具</th><th>步点和身姿</th><th>方法</th></tr>
<tr><td>—</td><td>—</td><td>作业前准备</td><td>按规定着装，携带工具</td><td>面向车端离钢轨外侧面约2 m处站立</td><td></td><td>作业前，须按规定设防护号志</td></tr>
<tr><td rowspan="6">一</td><td>1</td><td>风挡弹簧、圆销、开口销或螺栓</td><td rowspan="6">检点锤、手电筒</td><td rowspan="2">左脚向前迈一步，向右转体</td><td rowspan="6">抬头、锤指、目视</td><td rowspan="6">配件齐全，未折损、未脱落、未腐烂，车体倾斜不到限。
车体外侧未破损，油漆未脱落。窗框未变形，胶条未脱落，玻璃不透气。
定期检修不过期</td></tr>
<tr><td>2</td><td>侧门防水檐、玻璃及框</td></tr>
<tr><td>3</td><td>顺号插、车顶防水檐</td><td rowspan="4"></td></tr>
<tr><td>4</td><td>车体倾斜</td></tr>
<tr><td>5</td><td>车体外侧面</td></tr>
<tr><td>6</td><td>定检标记</td></tr>
<tr><td rowspan="4">二</td><td>1</td><td>风挡摩擦板、挡板及螺栓（橡胶防晒板、风挡横胶囊、立胶囊及安装螺栓）</td><td rowspan="4">检点锤、手电筒</td><td rowspan="4">向左前方迈右脚，向左转体，左脚跟进，两脚叉开，面向风挡</td><td rowspan="4">由上向下锤指、目视、锤敲</td><td rowspan="4">配件齐全，作用良好。未弯曲、未裂损、未缺损、未松动、未开焊</td></tr>
<tr><td>2</td><td>缓冲板、渡板、缓冲板挡板及铆钉或螺栓（开口销）</td></tr>
<tr><td>3</td><td>挡铁垫、角铁搭板、缓冲杆安装座（缓冲杆压板及螺栓）</td></tr>
<tr><td>4</td><td>缓冲杆、缓冲杆弹簧、缓冲杆磨耗板及导框磨耗板</td></tr>
<tr><td rowspan="9">三</td><td>1</td><td>钩提杆座及螺栓、提杆吊、吊环、圆销、垫、开口销</td><td rowspan="9">检点锤、手电筒、钩高检查尺、第四种检查器</td><td rowspan="9">向右转体，右脚向前迈一步，左脚跟上，跨入钢轨内侧。两脚叉开，准备钻入车下（提钩测试三态作用，实测钩高的步点由检车员自行调整）</td><td rowspan="9">锤敲、目视、右手搬动提钩杆试验、测量钩高、用手摇晃、手扳把手</td><td rowspan="9">各配件齐全，安装止确、作用良好，无裂纹、未折损、未丢失、未松动、未弯曲。钩提杆不得冲击下锁销连杆。车钩三态作用良好，钩高符合规定。
软管标记清楚、未过期，密封胶圈未老化、未破损，钩提杆未变形、未裂损。折角塞门安装位置正确、未松动</td></tr>
<tr><td>2</td><td>钩提杆、下锁销、防跳装置，下锁销连杆、圆销、垫、开口销</td></tr>
<tr><td>3</td><td>提钩测试三态作用</td></tr>
<tr><td>4</td><td>钩腕、钩舌尾部、钩腔内部、上下钩耳内侧面、钩舌内侧面，钩舌销、螺母及开口销</td></tr>
<tr><td>5</td><td>下锁销、锁铁脚</td></tr>
<tr><td>6</td><td>钩肩、钩脖、磨耗板</td></tr>
<tr><td>7</td><td>摆块、摆块吊、冲击座</td></tr>
<tr><td>8</td><td>制动软管连结器、密封胶圈、软管及标记</td></tr>
<tr><td>9</td><td>折角塞门、把手</td></tr>
</table>

续表

程序			检查			质量要求
顺号	项别	内容	使用工具	步点和身姿	方法	
四	1	端梁	检点锤、手电筒	左脚迈步向右转体，右脚向前迈步，迈进缓冲梁内侧，左脚再跟进钻入车下，向左转体	以一脚为轴行蹲姿，锤敲、目视、用手电筒照	各部配件齐全、安装正确，未折损、无裂纹、未开焊、未松动、未脱落、未丢失，磨耗不过限，补助管未松动
	2	缓冲杆后堵，尾部平垫、扁销或圆销、开口销				
	3	补助管、卡子及螺栓				
	4	钩提杆吊环座及螺栓，钩身托板及螺栓				
	5	下锁销连杆吊架、圆销、垫、开口销及套管				
五	1	钩身、钩尾扁销、销孔、钩尾扁销螺栓	检点锤、手电筒	右脚起步向左转体	以一脚为轴行蹲姿，锤敲、目视、用手电筒照	各部配件齐全、安装正确，未折损、无裂纹、未开焊、未松动、未脱落、未丢失及磨耗不过限
	2	钩尾框				
	3	前从板座、前从板、缓冲器及螺栓				
	4	钩尾框托板、磨耗板、托板螺栓及偏垫				
	5	缓冲器后堵、后从板、后从板座、尾框后部				
	6	牵引梁、主管、卡子及螺栓				
六	1	上下心盘、垫板、铆钉及螺栓、心盘中心销	检点锤、手电筒	向右转体，左脚迈入制动梁内侧	用手电筒照、锤敲、目视	各部配件齐全，安装正确、作用良好，未折损、未松动、无裂纹，心盘垫板未破损、未窜出。 销和套未窜出、未裂损，磨耗不到限
	2	摇枕、弹簧托梁				
	3	横梁内侧、缓解簧（制动梁安全吊）及座、压板及螺栓、磨耗板，制动梁、拉环连接板，移动杠杆、移动杠杆拉杆、圆销、垫、开口销				
	4	闸瓦托吊防护挡及开口销，闸瓦托吊、座，闸瓦托内侧面及横穿螺栓				

续表

程序			检查			质量要求
顺号	项别	内容	使用工具	步点和身姿	方法	
七	1	轴身、轮毂、辐板、轮辋、轮缘的内侧面	检点锤、手电筒	向右转体，左脚退到制动梁外侧，右脚后撤半步准备钻出车下	以一脚为轴行蹲姿，用手电筒照、锤敲、目视	各部配件齐全、安装正确，未折损、无裂纹、未开焊、未松动、未脱落、未丢失，磨耗不过限。 杠杆、拉杆不抗劲。 销和套未窜出、未裂损，磨耗不到限
	2	移动杠杆拉杆、固定杠杆及座，各圆销、垫、开口销，缓解簧（制动梁安全吊）及座、螺栓、压板及磨耗板				
	3	悬臂小端梁、制动梁、拉环连接板、杠杆、圆销、垫、开口销				
	4	闸瓦托吊防护挡及开口销，闸瓦托吊及座、托的内侧面及横穿螺栓				
	5	车梯后部、地板孔，上拉杆及座，翻板弹簧、下拉杆座，调整螺杆及螺母、开口销				
八	1	车梯外侧面	检点锤、手电筒	向右转体，左脚迈出缓冲梁外，右脚前迈一步钻出车下起身，双脚迈到钢轨外侧，面向车梯，向左转体，右脚向后撤一步	锤敲、目视、双手摇晃	各部配件齐全，未松动、未弯曲、未变形、未翘起、未腐蚀、未破损。排水口不直接对准轴箱、转向架基础制动部位
	2	把手杆、安装座及螺栓。侧门外部、防风压板、胶皮及门框翻板锁卡板				
	3	车梯脚踏板及翻板扶手、翻板轴				
	4	车梯内侧螺栓				
	5	排便筒及安装座、螺栓、辅助便筒及卡子，便桶盖、注水口卡子及螺栓、排水管				
	6	采暖锅炉侧的排灰筒、地板阀排水管、集尘器防寒帽的座、链、安装螺栓、挡（由对面检车员负责）				

续表

<table>
<tr><th colspan="3">程序</th><th colspan="3">检查</th><th rowspan="2">质量要求</th></tr>
<tr><th>顺号</th><th>项别</th><th>内容</th><th>使用工具</th><th>步点和身姿</th><th>方法</th></tr>
<tr><td rowspan="4">九</td><td>1</td><td>闸瓦托吊座、吊、圆销、垫、开口销</td><td rowspan="4">检点锤、手电筒、第四种检查器</td><td rowspan="4">左脚位于制动梁头部作重心点，面向转向架约45°角行蹲姿探身</td><td rowspan="4">目视、锤敲、用手电筒照，俯身、探头、锤划</td><td rowspan="4">各部配件齐全，无裂纹、未折损、未松动，限度符合规定。
闸瓦不紧靠车轮。
轴箱未甩油。
定位套、销套未窜动、未破损。
轮缘不得形成锋芒</td></tr>
<tr><td>2</td><td>闸瓦托、闸瓦间隙调整装置</td></tr>
<tr><td>3</td><td>制动梁端轴、垫、开口销</td></tr>
<tr><td>4</td><td>闸瓦插销及环、闸瓦、闸瓦差</td></tr>
<tr><td rowspan="4">十</td><td>1</td><td>轴箱、轴箱盖及螺栓、侧架与轴箱顶部间隙，辅修标记、轴箱后壁</td><td rowspan="4">检点锤、手电筒</td><td rowspan="4">左脚横移，右脚向前迈一步，面对轴箱，由上向下起身探视</td><td rowspan="4">锤敲、目视</td><td rowspan="4">配件齐全，无裂纹、未松动、未泄漏，标记清楚</td></tr>
<tr><td>2</td><td>车轮上部三分之一圆周部位、固定支点、上拉杆、圆销、垫、开口销</td></tr>
<tr><td>3</td><td>主管、主管卡子、螺栓、中梁</td></tr>
<tr><td>4</td><td>闸瓦托吊座、圆销、垫、开口销</td></tr>
<tr><td rowspan="8">十一</td><td>1</td><td>侧架、轴箱弹簧、支柱座及螺栓、支柱、定位套</td><td rowspan="8">检点锤、手电筒</td><td rowspan="8">右脚后撤半步，左脚前进一步，右脚跟进，行蹲姿探身检查</td><td rowspan="8">锤划、目视</td><td rowspan="8">配件齐全，无裂纹、未松动、未破损、未裂损，弹性定位套与摩擦套状态良好，限度符合规定</td></tr>
<tr><td>2</td><td>轴箱弹簧、支持环、橡胶垫</td></tr>
<tr><td>3</td><td>托盘，弹性定位套、压板、固定螺栓及防松铁线</td></tr>
<tr><td>4</td><td>轴箱后壁及螺栓</td></tr>
<tr><td>5</td><td>车轮三分之一圆周</td></tr>
<tr><td>6</td><td>闸瓦插销及环、闸瓦、瓦差</td></tr>
<tr><td>7</td><td>闸瓦托、闸瓦间隙调整装置，制动梁端轴、垫及开口销</td></tr>
<tr><td>8</td><td>移动拉杆吊及座、圆销、垫、开口销</td></tr>
</table>

续表

程序			检查			质量要求
顺号	项别	内容	使用工具	步点和身姿	方法	
十二	1	安全吊带座，螺栓，安全吊带，摇枕及弹簧托梁	检点锤、手电筒	行蹲姿、移动重心、起身检查	蹲视、锤敲、用手电筒照	各部配件齐全，安装正确，作用良好，无裂纹、未折损、未弯曲、未变形、未松动。减振器未漏油。各橡胶垫未老化、未破损
	2	侧架摇枕吊座，连结板，侧架与横梁下部弯角				
	3	枕簧后侧，横向缓冲器				
	4	摇枕吊、吊轴、挡铁，弹簧托板及螺栓				
	5	摇枕、摇枕弹簧、橡胶垫				
	6	油压减振器下部组成、油压减振器、油压减振器上部组成				
	7	牵引拉杆座、螺母，止退垫圈、内外夹板，橡胶垫，隔套				
	8	摇枕吊座、吊销、支承板、圆销、开口销				
十三	1	中梁、主管、主管卡子及螺栓，枕梁，上拉杆，摇枕吊座与摇枕间隙	检点锤、手电筒、塞尺	左脚向前迈一步，右脚跟上一步左转探身检查	同上	同上 横向缓冲器磨耗板不得丢失。摇枕吊座与摇枕两侧间隙平均
	2	侧架，左侧上下旁承及螺栓				
	3	旁承间隙				
十四		右侧上下旁承及螺栓，摇枕、侧梁、枕梁，主管、主管卡子及螺栓、中梁，上拉杆	同上	同上	同上	同上

续表

<table>
<tr><th colspan="3">程序</th><th colspan="3">检查</th><th rowspan="2">质量要求</th></tr>
<tr><th>顺号</th><th>项别</th><th>内容</th><th>使用工具</th><th>步点和身姿</th><th>方法</th></tr>
<tr><td rowspan="5">十五</td><td>1</td><td>摇枕吊座、吊销、吊、支承板、圆销、开口销</td><td rowspan="5">检点锤、手电筒</td><td rowspan="5">行蹲姿检查</td><td rowspan="5">锤敲、锤划、用手电筒照</td><td rowspan="5">各部配件齐全，安装正确，作用良好，无裂纹、未折损、未弯曲、未变形、未松动，减振器未漏油。各橡胶垫未老化、未破损</td></tr>
<tr><td>2</td><td>侧架、摇枕牵引拉杆座、螺母，止退垫圈、内外夹板，橡胶垫，隔套，牵引拉杆</td></tr>
<tr><td>3</td><td>摇枕弹簧、橡胶垫，弹簧托梁</td></tr>
<tr><td>4</td><td>摇枕吊、吊轴及螺栓、挡铁</td></tr>
<tr><td>5</td><td>侧架与转向架横梁、上部弯角、安全吊带座、螺栓、安全吊带、摇枕及弹簧托梁、枕簧后侧</td></tr>
<tr><td rowspan="8">十六</td><td>1</td><td>制动拉杆吊及座、圆销、垫、开口销</td><td rowspan="8">检点锤、手电筒</td><td rowspan="8">左脚迈在制动梁头部外，面向转向架约45°角行蹲姿检查</td><td rowspan="8">同程序九</td><td rowspan="8">同程序九</td></tr>
<tr><td>2</td><td>闸瓦托、闸瓦间隙调整装置，制动梁端轴、垫及开口销</td></tr>
<tr><td>3</td><td>闸瓦插销环、销、闸瓦、闸瓦差</td></tr>
<tr><td>4</td><td>车轮三分之一圆周</td></tr>
<tr><td>5</td><td>轴箱后壁及螺栓</td></tr>
<tr><td>6</td><td>侧架、轴箱弹簧支柱座及螺栓，支柱定位套</td></tr>
<tr><td>7</td><td>轴箱弹簧、支持环、橡胶垫</td></tr>
<tr><td>8</td><td>托盘、弹性定位套、压板、固定螺栓及防松铁线</td></tr>
<tr><td rowspan="3">十七</td><td>1</td><td>轴箱、轴箱盖及螺栓、侧架与轴箱顶部间隙，轴箱后壁</td><td rowspan="3">检点锤、手电筒、第四种检查器</td><td rowspan="3">左脚横移，右脚向前迈一步，面对轴箱，由下向上起身探视</td><td rowspan="3">同程序十</td><td rowspan="3">同程序十</td></tr>
<tr><td>2</td><td>车轮上部三分之一圆周部位，上拉杆、移动杠杆、圆销、垫、开口销。
闸瓦托吊座、吊、圆销、垫、开口销</td></tr>
<tr><td>3</td><td>主管、主管卡子、螺栓、中梁</td></tr>
</table>

续表

程序			检查			质量要求
顺号	项别	内容	使用工具	步点和身姿	方法	
十八	1	侧架、轴箱弹簧、支柱座及螺栓、支柱、定位套	检点锤、手电筒	右脚后撤半步，左脚前进一步，右脚跟进，行蹲姿探身检查	同程序十一	同程序十一
	2	轴箱弹簧、支持环、橡胶垫				
	3	托盘、弹性定位套、压板、固定螺栓及防松铁线				
	4	轴箱后壁及螺栓				
	5	车轮三分之一圆周				
	6	闸瓦插销及环、闸瓦、瓦差				
	7	闸瓦托、闸瓦间隙调整装置，制动梁端轴、垫及开口销				
	8	闸瓦托吊座、圆销、垫、开口销				
十九	1	主管、主管卡子及螺栓、中梁	检点锤、手电筒	左脚迈进钢轨内侧、右脚跟进	同程序七	同程序七
	2	闸瓦托吊座、闸瓦托吊、闸瓦托及圆销的内侧面，闸瓦托吊防护挡及开口销				
	3	悬臂小端梁，移动拉杆、圆销、垫、开口销。移动杠杆、圆销、垫、开口销				
	4	外侧制动梁拉板、拉环、圆销、垫、开口销				
	5	制动梁、缓解簧（制动梁安全吊）、磨耗板、座及螺栓、压板				

续表

程序			检查			质量要求
顺号	项别	内容	使用工具	步点和身姿	方法	
二十	1	中梁，上、下心盘，中心销、垫板、铆钉及螺栓	检点锤、手电筒	右脚迈入制动梁内侧、探身检查	同程序六	同程序六
	2	摇枕、弹簧托梁				
	3	构架横梁、缓解簧座及螺栓、压板，缓解簧（制动梁安全吊）、磨耗板、制动梁				
	4	移动拉杆吊，移动杠杆、拉杆的内侧面				
	5	闸瓦托吊、座，托圆销的内侧面，闸瓦托吊防护挡及开口销				
	6	制动梁、拉环、圆销、垫、开口销				
二十一	1	车轴、轮毂、辐板、轮辋、轮缘的内侧面	检点锤、手电筒	探身检查转体、右脚迈出	同程序七	杠杆托套管或磨耗板未破损。其他同程序七
	2	均衡杠杆拉杆、中梁				
	3	均衡杠杆、圆销、垫、开口销、杠杆托及螺栓。中拉杆及托、磨耗板、螺栓（或横穿螺栓、开口销及套管）				
	4	主管、主管卡子及螺栓、中梁				

续表

<table>
<tr><th colspan="3">程序</th><th colspan="3">检查</th><th rowspan="2">质量要求</th></tr>
<tr><th>顺号</th><th>项别</th><th>内容</th><th>使用工具</th><th>步点和身姿</th><th>方法</th></tr>
<tr><td rowspan="10">二十二</td><td>1</td><td>主管、主管卡子及螺栓</td><td rowspan="10">检点锤、手电筒</td><td rowspan="10">由中梁、中拉杆顺序向前检查</td><td rowspan="10">蹲视，锤敲、用手电筒照、耳听</td><td rowspan="10">各部配件齐全。各杠杆、拉杆未弯曲、未变形，作用良好，托未破损
各管安装牢固、未腐蚀，各风缸未腐蚀，安装座、吊座未裂损，螺栓未松动，塞门未反位、开启方向正确。集尘器未裂损，安装位置正确。制动支管截断塞门和缓解阀把手未折断，各吊带无裂纹、未开焊，连通管未折损、未松动。
检修标记清晰、未过期。
闸调器作用良好，未弯曲、未变形</td></tr>
<tr><td>2</td><td>工作风缸</td></tr>
<tr><td>3</td><td>中拉杆、调整螺套及防缓螺母、中拉杆圆销、垫、开口销</td></tr>
<tr><td>4</td><td>制动缸后杠杆、圆销、垫、开口销、杠杆托及螺栓</td></tr>
<tr><td>5</td><td>制动主管、支管，截断塞门，把手、穿销，远心集尘器（或集尘器联合体）及螺栓</td></tr>
<tr><td>6</td><td>中间体、安装座、组装螺栓、紧急阀、安装座及螺栓，排风口防尘胶垫，主阀安装座及螺栓</td></tr>
<tr><td>7</td><td>排风嘴</td></tr>
<tr><td>8</td><td>中间体与副风缸连通管及卡子螺栓</td></tr>
<tr><td>9</td><td>中间体与制动缸连通管，缓解阀、杆及串销垫、开口销</td></tr>
<tr><td>10</td><td>闸调器：控制杆、拉杆及托、拉杆叉头、控制头、转筒、护管、螺杆及开口销</td></tr>
<tr><td colspan="7">一位端同二位端</td></tr>
</table>

任务实施

时间	任务	实施	说明
20 min	子任务 1 熟悉铁路客车、货车的运用检修制度	客车检修制度分类：______ 货车检修制度分类：______	结合客、货车运用与检修材料总结检修制度
30 min	子任务 2 观看单车技术检查视频	单检关键步骤：________	通过观看单车技术检查视频，简述检查过程中的关键步骤与路径
60 min	子任务 3 客、货车的单车技术检查实训	在铁路车辆实训基地开展单车技术检查实训	该活动用时较长，建议增加课外学时

任务评价

类型	评价标准（打 √）	加、减分项（列举）	创新点（列举）
自我评价	A：□B：□C：□D：□	加分项：___________ 减分项：___________	
小组评价	A：□B：□C：□D：□	加分项：___________ 减分项：___________	

填表说明：A：85～100 分；B：70～84 分；C：60～69 分；D：＜60 分。

加分项：在原有课程资源基础上，能拓展出新的知识与技能，能升华出劳动光荣、敬业精神、爱国主义、奉献社会、工匠精神、创新创业等意识。

减分项：比对教师的参考答案和其他组的结论，对部分知识点和基本技能的掌握有缺失。

创新点：在学习方法、学习技能、知识拓展、思维创新等方面有具体突破。

任务拓展

1. 通过阅读课外资料，了解厂修、段修的项点，熟悉检修设备及工具。
2. 以检车员身份对铁路车辆进行单车技术检查。

项目 2

认识铁道机车

任务 2.1　聆听“火车头”的故事

任务描述

了解铁路机车，熟悉电力机车与内燃机车的常见型号与工作原理。

学习目标

掌握电力机车、内燃机车的工作原理；熟知常见的铁道机车型号。

全景思政

詹天佑和萍醴铁路

株萍铁路于 1899 年开始兴建，自江西萍乡安源煤矿矿区到湖南株洲，先后分三段修筑完成，第一段是萍安段，由安源至萍乡；第二段是萍醴段（萍醴铁路），由萍乡至醴陵，也是“中国铁路之父”詹天佑负责修建的一段；最后一段是株醴段，由醴陵到株洲。

萍安段修筑完成后，1900 年，由于八国联军侵华，株萍铁路暂缓修建，1901 年又重新动工。此时盛宣怀委派詹天佑协助美国铁路工程师李治、马克修建株萍铁路萍乡至醴陵段。1901 年的中国正处于被列强瓜分的时代，英法美等列强在中国修筑铁路时均采用自己国家的标准轨距，企图以对铁路的控制来达到对中国的奴役。当时的李治和马克已经做好了铁路的勘探工作，并绘制好了图纸，准备采用美国标准的轨距修建接下来的萍醴铁路。

这件事遭到了詹天佑的强烈反对。当时整个中国的铁路轨距和整体的铁路状况，处于一个混乱的状况，詹天佑有心统一铁路标准，结束这种状况，以便中国各个地方的铁路能够顺利通车。其次，萍安段已经采用中国常用的 1 435 毫米标准轨距进行修建，接下来再更换成美国标准的轨距的话，不利于两条铁路的衔接。在詹天佑等人的强烈要求下，美国人李治和马克最后做出让步，被迫同意改用 1 435 毫米轨距。但是美国人认为詹天佑修不好这条铁路，因为萍水湘东河段水面宽、水流急，他们携图纸而走，认为中国人到头来还得请他们。

詹天佑是当时清政府公派留学美国并获耶鲁大学学位的人，在校期间表现优秀，两次获得耶鲁大学的奖学金。在接手萍醴铁路修建任务前，也曾解决过多名外籍工程师未能解决的铁路修建问题。

盛宣怀见外国人不干了，便要求詹天佑同意他们的条件，把两人请回来，詹天佑断然拒绝再请两人，主动承担了全部的工程任务。

詹天佑在无图纸的情况下，利用一个多月的时间，重新进行勘测和设计，并调集人马立即动工。湘东大桥横跨萍水，水面宽 130 多米，水流湍急。詹天佑采用土洋结合的办法，调来数只小船，配以足够的沙袋和草袋，在桥墩地基周围挖一个水池，进行打桩，稳固墩座。桥墩完成后，又亲自指挥架梁，不到三个月的时间，湘东大桥便铺上了钢轨。随后，他又用同样的办法架通了醴陵大桥。萍醴铁路三跨萍水（在醴陵境内称渌水），分别在萍乡、峡山口、醴陵三个车站东面建有大桥。1902 年 11 月，萍醴铁路竣工通车，全长 38 公里。

一、铁路机车概述

铁路机车是具有动力以牵引或推送其他铁路车辆运行于铁路上，本身不装载营业载荷的自推进装置。

铁路机车（简称机车），俗称火车头。机车利用蒸汽机、柴油机、牵引电动机或其他动力机械产生的动力，通过机车传动装置驱动动轮（驱动轮），借助动轮和钢轨之间的黏着力而产生推动力（即机车牵引力）。机车产生的牵引力克服列车阻力，可拖动比它自身重量大 10 倍或 20 倍以上的车列。机车和车辆上都装有制动装置，以便运行时能随时减速或停止运行。

最早的机车是蒸汽机车，之后依次出现了电力机车、柴油机车、燃气轮机车。1804 年，英国人特里维西克造出第一台蒸汽机车。1879 年，人类首次制成应用第三轨供直流电的小电力机车。1923 年，柴油机车制成试用。1941 年，燃气轮机车面市。蒸汽机车因经济效益不高和排烟污染环境而逐渐被柴油机车和电力机车取代。我国于 1988 年停止生产蒸汽机车。

机车按动力装置可分为以下两类。

（1）热力机车。热力机车所装原动机属于热机，如蒸汽机车、柴油机车、燃气轮机车等。柴油机和燃气轮机均属内燃机，装用它们的机车称为内燃机车。柴油机车和燃气轮机车按装用的传动装置的传动方式，又有机械传动、电力传动和液力传动之分。

（2）电力机车。电力机车是经轨道上空的接触网或铺设于轨道一侧的第三轨供给电能的机车。电力机车按用途可分为客运电力机车、货运电力机车、客货通用电力机车、调车电力机车、工矿电力机车等。电力机车的牵引方式一般是用 1 台机车在列车前端牵引。列车在陡坡道向上行驶而机车牵引力不足时，可在列车尾部加挂补助机车推送。为提高运输能力，可双机重联（两台机车联挂）甚至多机重联牵引列车。

20 世纪 70 年代初，国际上开始研究将交流传动技术应用到机车上。1979 年首批 BR120 型交流传动电力机车投入运营，从此交流传动电力机车得到推广应用。

二、典型内燃机车

1. 东风系列内燃机车

1）东风（DF）型内燃机车

东风型内燃机车，原称巨龙型、ND 型内燃机车，是中国第一代电传动内燃机车的代表车型。该型内燃机车由大连机车车辆厂（现中车大连机车车辆有限公司）于 1958 年试制，经改进后于 1963 年投入批量生产。该机车采用 10L207E 型柴油机，牵引电机组包括 ZQFR－1350

型直流牵引发电机、ZQDR－204型直流牵引电动机、ZQLR－10型励磁机和ZQF－12型辅助发电机。东风型内燃机车于1965年开始投入批量生产，直到1972年停产为止，我国共生产了704台东风型机车。

另外，1967年，大连机车车辆厂在新造的东风型1305号机车上，首次加装了两台65GP100型废气涡轮增压器进行实验，后来根据此次实验结果，试制了一台东风增压型内燃机车（东风0001），采用经过二级增压强化的10L207EZ型柴油机和新型联合调节器以便充分利用柴油机功率，提高了主发电机和牵引电动机的额定功率，并增设了电阻制动装置。

DF型内燃机车如图2－1所示。

图2－1　DF型内燃机车

2）DF_4/DF_{4B}型内燃机车

DF_4型内燃机车是中国铁路第二代电传动内燃机车的首型机车，也是中国首次设计研制的交—直流电传动内燃机车。作为中国铁路历史上最经典，生产数量最多，运用最广泛的内燃机车，DF_4型内燃机车的发展经历了一段坎坷的历程。

1965年年初，大连机车车辆厂等机构联合组成新中速柴油机设计组，准备研制内燃机车使用的新型大功率中速柴油机。在参考苏联哈尔科夫运输机械制造厂的D70系列柴油机、法国阿尔萨斯机械制造公司的AGO240系列柴油机、瑞士苏尔寿公司的LVA24系列柴油机之后，大连机车车辆厂于1966年8月试制完成首台16缸的16V240ZJ型柴油机样机，同年完成新型机车的总体设计。1967年，湘潭电机厂试制了首批为第二代大功率内燃机车配套的牵引电机组，包括3 000 kV·A三相交流同步牵引发电机、410 kW牵引电动机、80 kW起动发电机、45 kV·A三相交流同步励磁发电机。从1971年到1974年间，除了1966年试制的首台16缸样机外，大连机车车辆厂又生产了另外四台柴油机进行试验考核。

1974年6月，大连机车车辆厂试制了DF_4型0001号货运机车，交付北京铁路局丰台机务段投入运用考核，为该型机车的投产做最后冲刺。1974年年底，为了满足中国铁路对大功率内燃机车的急切需求，装用16V240ZJ型柴油机的DF_4型内燃机车正式投入批量生产。DF_4型内燃机车如图2－2所示。

图2－2　DF_4型内燃机车

3）DF_8 型内燃机车

DF_8 型内燃机车是由戚墅堰机车车辆厂（现中车戚墅堰机车有限公司）设计制造的一种大功率内燃机车。1982 年，铁道部向戚墅堰机车车辆厂下达了大功率柴油机车的研制任务书，车型代号为 DF_8，以在平直道上牵引 4 500 t 定额，运行速度达到 80 km/h 为设计要求。

1982 年 12 月，DF_8 型内燃机车完成总体设计并开始进行试制。首台机车（DF8－0001）于 1984 年 10 月完成组装，之后在沪宁铁路进行运行试验。1989 年 2 月 25 日，DF_8 型内燃机车通过了铁道部技术鉴定。DF_8 型内燃机车是中国第一种装用大功率内燃机的机车。

截至 1997 年停产，戚墅堰机车车辆厂累计生产了 141 台 DF_8 型柴油机车，其中首批 41 台配属于武局南段，后 100 台配属于哈局牡段。该机车采用交—直流电传动，装用 16V280ZJ 型内燃机、TQFR－3000C 型三相交流同步发电机、ZQDR－410 型直流牵引电动机。

DF_8 型内燃机车如图 2－3 所示。

图 2－3 DF_8 型内燃机车

4）DF_{12} 型内燃机车

DF_{12} 型内燃机车是由资阳机车厂（现中车资阳机车有限公司）在 DF_{4B} 型内燃机车的基础上根据调车作业要求研制而成的调车兼小运转用内燃机车，也可用于一般的干线货运。

1996 年 5 月，资阳机车厂开始研发大功率调车机车，1996 年年底，资阳机车厂完成了机车的施工设计，正式进入试制阶段。

1998 年该型机车由铁道部定型为 DF_{12} 型，并正式投入了批量生产。

直至 2021 年初，资阳机车厂生产了约 350 台 DF_{12} 型内燃机车，大部分提供给地方厂矿运用。DF_{12} 型内燃机车采用 16V240ZJB 型内燃机，传动系统方面，采用交—直流电传动，装用 TQFR－3000 型同步主发电机、ZQDR－410 型牵引电动机。DF_{12} 型内燃机车如图 2－4 所示。

2. 和谐系列内燃机车

1）HXN_3 型内燃机车

HXN_3 型内燃机车是由大连机车车辆厂（现中车大连机车车辆有限公司）与美国易安迪公司联合研制成功的交流传动六轴干线货运内燃机车，其 EM2000 微机控制系统和 16V265H 型

图 2-4　DF_{12} 型内燃机车

大功率低排放内燃机等成为了亮点。HXN_3 型内燃机车属于和谐系列机车产品之一。

2004 年年底，大连机车车辆厂决定与来自美国的易安迪公司进行合作，2005 年 9 月 1 日，大连机车车辆厂与易安迪公司签订了 300 台大功率内燃机车订单，机车定型为 HXN_3 型内燃机车。与此同时，大连内燃机车研究所也与易安迪公司签署了内燃机车交流传动控制部件和车载微机网络控制部件的技术引进合同。

300 台机车分两批次（散件进口组装和国内制造）制造，以逐步提升机车国产化率。2009 年 3 月，HXN_3 型内燃机车进入了批量生产阶段。同年 8 月，0001 号机车赴兰新铁路进行冷却能力试验，同时也进行了海拔功率考核，为后来研制高原改进型做准备。从 2010 年开始，HXN_3 型内燃机车的产量逐步提升。2014 年年初，大连机车车辆厂开始研制 HXN_3 高原型内燃机车，在原机车的基础上，针对高原地理环境及特殊运用条件，进行了适应性改进。2014 年 7 月，中国铁路总公司决定派出新制的 HXN_3 高原型机车增援青藏铁路公司，在青藏铁路和拉日铁路上进行牵引实验。2018 年 6 月，HXN_3 高原型机车正式承担青藏铁路客运列车的牵引任务。

HXN_3 型内燃机车，采用了双司机室内走廊整体承载结构车体、电子喷射内燃机、IGBT 牵引变流器等新技术。鱼腹结构的整体承载式燃油箱增大了车载总燃油量。机车装用的 16V265H 型大功率内燃机以“低排而力大”的特点令人刮目相看。内燃机的 16 缸呈“V”形排开，为四冲程并有废气涡轮增压的中速内燃机。其采用的全纤维锻造钢曲轴、气动马达启动、高增压比废气涡轮增压器、电子控制直接燃油喷射系统等先进技术让人眼前一亮。

该机车采用先进的 EM2000 微机控制系统和 FIRE 显示系统，可以对整车电气系统进行控制、诊断和维护。

在转向架方面，该机车采用钢板焊接构架，轮对为轴箱拉杆定位。一系悬挂为轴箱两侧螺旋弹簧，配垂向油压减振器，而二系悬挂为构架和车体之间的橡胶钢板复合旁承，配横向油压减振器、抗蛇行减振器。HXN_3 型内燃机车如图 2-5 所示。

2）HXN_{5B} 型内燃机车

HXN_{5B} 型内燃机车适用于大、中型编组站的编组、调车及小运转作业。近年来，铁路货运周转量高速增长，增大了车站编组、调度及小运转的压力。老旧的 DF_5 系列和 DF_7 系列机车渐渐无法满足需要。

图 2-5　HXN_3 型内燃机车

2012 年，戚墅堰机车车辆厂开始研发一款交流传动的大功率调车机车以满足日渐增多的货运量运输需求。新的机车定型为 HXN_{5B} 型内燃机车。2012 年 5 月，首台样车下线。同年 9 月完成了厂内调试和正线试验。HXN_{5B} 型内燃机车于 2013 年正式投入批量生产，首批机车配属成局贵段进行调车及小运转作业。

HXN_{5B} 型内燃机车如图 2-6 所示。

图 2-6　HXN_{5B} 型内燃机车

三、典型电力机车

1. 韶山型电力机车

1）SS_1 型电力机车

SS_1 型电力机车如图 2-7 所示。

SS_1 型电力机车是由株洲电力机车厂（现中车株洲电力机车有限公司）研制的中国铁路第一代国产干线电力机车。该型电力机车原称 6Y1 型，是新中国铁路发展初期的一款仿制型机车，经过铁路科技人员不断改进，才成为中国铁路第一款真正意义上的国产电力机车。

图 2-7　SS_1 型电力机车

1968 年，6Y1 型机车改名为 SS_1 型电力机车，由此中国铁路开启了新的“韶山”时代。韶山型电力机车作为中国铁路曾经的主力电力机车，在中国铁路发展史上，充当了一个不可忽视的重要角色。同时，该型机车前后二十多年的研制历程所积累的经验为以后中国电力机车的研制与发展奠定了坚实的基础。

2）SS_4 型电力机车

1981 年，株洲电力机车厂和株洲电力机车研究所（现中车株洲电力机车研究所有限公司）承担起新型货运电力机车的研制任务。1983 年 5 月，定型为 SS_4 型电力机车的设计方案通过了铁道部审查，株洲电力机车厂紧接着就进入了试制工作。1985 年 9 月第一台 SS_4 型电力机车下线，成为当时中国功率最大的货运电力机车。

1991 年，株洲电力机车厂为 SS_4 型 0038 号机车加装微机控制系统，使之成为中国铁路第一台采用微机控制的国产电力机车。

2004 年，株洲电力机车研究所和大连机车车辆厂联合研制了 SS_4 型网络重联货运机车。新的网络重联货运机车采用微机控制系统，可实现机车的重联，组成更多轴的重载货运重联机车车组。这些机车的列车运行监控装置（LKJ）等设备可通过车辆总线连接，这正好适用于大秦铁路的重载货物列车要求。2004 年年底，大秦铁路成功试验了 2 万 t 重载货物列车，正是得益于这种改进。SS_4 型电力机车如图 2-8 所示。

1990 年以后，我国又陆续研制成功了 SS_5、SS_6 型电力机车和 SS_7 型电力机车。

SS_4 型电力机车如图 2-8 所示。

图 2-8　SS_4 型电力机车

3）SS_8 型电力机车

SS_8 型电力机车是由株洲电力机车厂与株洲电力机车研究所于 1994 年联合研制成功的一款四轴准高速干线客运电力机车。机车最大运行速度为 170 km/h，最高试验速度达到 240 km/h。

在 1996 年的几次试验中，SS_8 型电力机车的优异表现令人刮目相看，完成一系列的试验后，株洲电力机车厂从 1996 年 10 月开始小批量生产该型机车。1997 年 2 月，SS_8 型电力机车通过了铁道部科技成果鉴定并在 1997 年 7 月正式投入大批量生产。SS_8 型电力机车如图 2－9 所示。

图 2－9　SS_8 型电力机车

1998 年我国成功研制了 SS_9 型电力机车，并针对 2004 年的第五次铁路大提速，在 SS_9 型电力机车的基础上又研制了 SS_{9G} 型电力机车（见图 2－10）。

图 2－10　SS_{9G} 型电力机车

2. 和谐电力机车

1）HXD_1 型电力机车

HXD_1 型电力机车是由西门子集团与株洲电力机车厂于 2006 年联合研制成功的一款大功率双机重联八轴干线货运电力机车。这款机车同当时的 HXD_2 型电力机车和 HXD_3 型电力机车一起，开启了中国铁路一个全新的时代——和谐时代。到如今，有数万台各型和谐系列电力机车运用在我国各条铁路线上，其已是当代中国铁路的主力军。从货运到客运，从国家铁路到地方铁路，HXD 的字样总不难看到。HXD_1 型电力机车如图 2－11 所示。

图 2－11　HXD_1 型电力机车

2011 年 9 月，株洲电力机车厂与神华集团（现国家能源集团）签订了新型大功率货运电力机车的合同。2013 年 1 月，首台为神华集团研制的 HXD_1 型电力机车下线（编号 7001），并在朔黄铁路投入试运行。同年 2 月，9 600 kW 的八轴机车，即 HXD_1 型（神华八轴）电力机车开始交付神华集团，2014 年，14 400 kW 的十二轴电力机车（编号从 8001 开始）下线并在朔黄铁路投入试运行，同年开始交付神华集团。

2020 年 8 月，株洲电力机车厂公布了为神华集团研制的二十四轴超大功率电力机车，该机车的外观亦有较大改变，前脸棱角分明起来，车灯位置及形状亦有改变。

HXD_1 型（神华八轴）电力机车如图 2－12 所示。

图 2－12　HXD_1 型（神华八轴）电力机车

2）HXD_2 型电力机车

HXD_2 型电力机车由大同机车厂（现中车大同电力机车有限公司）与法国阿尔斯通公司联合开发，为干线货运八轴大功率交流电传动电力机车，如图 2－13 所示。该型电力机车在法国阿尔斯通公司的 PRIMA 系列电力机车的基础上研制，根据中国铁路线路的具体情况设计。

图 2-13 HXD$_2$型电力机车

3）HXD$_3$型电力机车

大连机车车辆厂于 2002 年 9 月与日本东芝成立合资公司，合作研制了 HXD$_3$型电力机车，如图 2-14 所示，首辆国产化机车于 2006 年 12 月 8 日出厂并交付使用。大连机车车辆厂还与加拿大庞巴迪公司联合研制了 HXD$_{3B}$ 型电力机车，该车的设计以庞巴迪公司的 IORE Kiruna 机车为基础，以大连机车车辆厂为主进行设计、生产，由庞巴迪公司提供技术支持和设备供应。该型机车提高了防寒性能，适合在中国北方使用。

图 2-14 HXD$_3$型电力机车

任务实施

时间	任务	实施	说明
20 min	子任务1　从工作介质——能源的角度对铁道机车进行分类	电力机车分类：______ 内燃机车分类：______	按照能源介质分类
20 min	子任务2　看图识别机车的型号	内燃机车型号：______ 电力机车型号：______	从教材的图片中识别不同型号的内燃、电力机车
20 min	子任务3　分组讨论电力机车与内燃机车的优缺点	内燃机车优点：______ 内燃机车缺点：______ 电力机车优点：______ 电力机车缺点：______	从能耗、构造、动力、基础设施等方面讨论

任务评价

类型	评价标准（打√）	加、减分项（列举）	创新点（列举）
自我评价	A：□B：□C：□D：□	加分项：______ 减分项：______	
小组评价	A：□B：□C：□D：□	加分项：______ 减分项：______	

填表说明：A：85～100分；B：70～84分；C：60～69分；D：<60分。

加分项：在原有课程资源基础上，能拓展出新的知识与技能，能升华出劳动光荣、敬业精神、爱国主义、奉献社会、工匠精神、创新创业等意识。

减分项：比对教师的参考答案和其他组的结论，对部分知识点和基本技能的掌握有缺失。

创新点：在学习方法、学习技能、知识拓展、思维创新等方面有具体突破。

任务拓展

1. 查找资料分析蒸汽机车与内燃机车有哪些异同。
2. 查找资料分析电力机车牵引电机的种类、型号及不同种类的特点。
3. 查找资料了解重载线路上使用的大功率机车。

任务 2.2 认识节能环保的电力机车

任务描述

熟悉电力机车的基础知识。

学习目标

了解电力机车的基本概念；明确电力机车的优缺点；了解电力机车的分类；熟悉电力机车的传动形式。

全景思政

全球最大功率电力机车上线运行

【科技前沿】

2022 年，一辆棱角分明的蓝色电力机车牵引着万吨运煤列车，从神（神木）朔（朔州）铁路陕西神木北站徐徐驶出，标志着全球首台最大功率电力机车正式上线运行。

【技术创新】

这款名为“神 24”的电力机车，由中车株洲电力机车有限公司与国家能源集团联合研制，单机功率 28 800 kW、单机牵引力 2 280 kN，刷新了轨道交通装备动力的世界纪录，填补了世界 20 轴、24 轴大功率交流传动电力机车产品的空白，是名副其实的全球重载铁路“动力之王”。“神 24”电力机车如图 2－15 所示。

图 2－15 “神 24”电力机车

“神 24”采用 6 节编组，最高运行时速 120 km，具备在 12‰的坡道单机牵引万吨货物列车的能力，可拉动超过 100 节满载车厢。与常用 8 轴 9 600 kW 重载机车相比，“神 24”运力增长 3 倍，所需乘务人员却减少三分之二，且可实现 16 轴、20 轴和 24 轴灵活编组。

【精益求精】

作为一款为“智能铁路”定制的高端产品，“神 24”不是简单的动力单元数增加，而是系统全面创新的结果。其智能驾驶技术可实现自动唤醒、起车、调速、停车等功能，行进中无须人工操纵；智能运维平台可实现关键部件故障预测与健康管理，降低全寿命周期成本。

一系列技术创新的应用，让“神 24”既“跑得稳”也“停得准”，更安全可靠。机车采用先进的电传动系统，极大地提高了牵引系统的可靠性和可维护性；采用的新一代制动技术，具有模块化、分布式、智能化、冗余度高等特点。此外，“神 24”还实现了制动产生的超大动能再利用。

【持续发展】

重载、高速是我国轨道交通装备的发展方向。“神 24”的上线运行，对提升我国能源大动脉的运输效率，满足重载运输、智慧引领、绿色环保的战略需求，具有标志性的意义。

一、电力机车概述

电力机车是从供电网（接触网）或供电轨中获取电能，再通过电动机驱动车辆行驶的机车。

电力机车是第二次工业革命的产物，但直到第三次工业革命后才有了超大规模的发展，成为现代铁路的主力军。电力机车拥有很多优点，综合性能比蒸汽机车和内燃机车强得多，不仅广泛用于干线铁路的运营，而且服务于几乎所有的城市轨道交通中。现今，世界许多国家开展了电气化铁路的建设，电力机车运用非常普遍。

电力机车起动加速快，爬坡能力强，工作不受严寒的影响，运行时不排废气，所以在运输繁忙的铁路干线和隧道多、坡度陡的山区线路上更能发挥优越性。此外，电力旅客列车可为客车空气调节和电热取暖提供便利条件。由于电气化铁路基本建设投资大，设备技术要求高，抗自然灾害能力差，故电力机车应用范围不如内燃机车广泛，也不可能完全取代内燃机车。

电力机车没有空气污染，且便于保养，牵引列车时速可达几百千米，所以高速列车基本由电力机车牵引。电力机车的另一个优点是能够在短时间内完成启动和制动，这一点比蒸汽机车和内燃机车要优秀很多，特别适合发车密度高、车站间距短的城市轨道交通使用。因此，电力机车在全球范围内得到重视，世界主要国家均不断加大力度研制性能更佳的电力机车。

电力机车的牵引能力和爬坡能力比内燃机车和蒸汽机车要大得多，在载重过大或坡度较大的情况下无须采用多机牵引。电力机车最大的优点就是无限行程，只要车辆不驶离电气化区段，就不会“饿倒”（故障除外），无须像内燃机车和蒸汽机车那样经常补充燃料。

早期，我国的电气化铁路不是很多，所以会选择把原本非电气化的铁路进行电气化改造。电气化改造后的铁路速度将从 100～120 km/h 提高到 160～200 km/h，这样不仅能缩短列车的运输时间，还能达到 5 000 t 以上的列车货运能力，提升铁路运输效率。如今，迈入“高铁时代”的中国正大力发展电气化铁路，电力动车组的速度可达 250～400 km/h。

二、电力机车的主要优点

（1）电力机车具有功率大、速度快、过载能力强、自身负重低、牵引力和加速度大、整备作业时间短、维修量少、能源利用率高、运营费用低、便于实现多机牵引、能采用再生制动及清洁环保等优点。使用电力机车牵引车列能提高列车运行速度和承载重量，从而大幅度提高铁路的运输能力和通过能力，特别利于既有铁路的提速。我国的京广、京沪和京九等干线铁路进行电气化升级改造后大面积开行电力机车，有效缩短了列车旅行时间。

（2）电力机车清洁环保，运行时不像蒸气机车、柴油机车那样产生废气。向电气化铁路供电的发电厂在采用化石燃料时，均会控制废气排放，除此之外也可使用低污染的风力或水力发电，还能提高热效率。在噪声方面，电力机车在运行时也比蒸汽机车、内燃机车安静得多，因此，电力机车十分适合在轨道交通线上运营。

（3）在性能上，电力机车不像蒸汽机车、内燃机车那样要自携很重的引擎及燃料，能减轻自重，因此在加减速和运行速度方面的性能均比蒸汽机车、内燃机车优越，可进一步缩减行车时间，是牵引高速列车、动车组的第一选择。

三、电力机车的主要缺点

（1）电力机车的缺点在于其本身没有动力源，电能来自外部的电网或电轨，如遇自然灾害、战争等不可抗力引发断电就无法运行，导致运输瘫痪，甚至可能引起事故。2008 年我国华南地区遭遇大面积强降雪，损坏了铁路沿线的供电设备，致使多个班次的列车停运，造成严重的旅客滞留现象。混合动力是一种折中方案，即在电力机车上额外配备应急柴油发电机或增挂柴油发电机车厢，以应付突发的断电状况，但这会增加成本。

（2）电力机车的研制、生产和维修，以及电气化铁路的建设、运营和维护，都需要高昂的费用和高端的技术，导致整条铁路系统的施工难度和养护成本比非电气化铁路高很多。若在经济贫困、人口稀疏、地势险峻、气候恶劣等环境下修建电气化铁路，将对国家或当地的财政和科技水平提出苛刻的要求。

（3）电力机车依赖电气化铁路，大量的电网、电轨设施存在一定的安全隐患，如果有人肆意闯入铁道或爬上车顶极可能诱发触电事故。城市街区中电气化铁路的高压电网如果发生意外坍塌，也易引发触电事故。

四、电力机车的分类

1. 按用途分类

（1）客运电力机车：用于牵引旅客列车，其特点是运行速度快，但牵引力不大。

（2）货运电力机车：用于牵引货物列车，其特点是牵引力大，但运行速度不太快。

（3）调车电力机车：用于在站场上对列车进行编组，其特点是运行速度较慢，牵引力也不大，且机车功率比较低（调车电力机车实际很少使用，调车作业多采用内燃机车）。

（4）电动车组：世界各国的高速列车大多采用电动车组，其特点是有较大的起动加速度和制动减速度，且运行速度快。

（5）工矿电力机车：用于大型工厂、矿山等的内部运输，其特点是运行速度慢，牵引力的大小则视具体使用情况而定。

（6）城郊电动车组和地下铁道电动车组：起动加速度和制动减速度较大，而且起动和制动频繁。

2. 按供电电流制及所采用的牵引电动机型式分类

1）直流电力机车

装有直流串励牵引电动机的机车，接触网电压为 1 500 V 或 3 000 V 直流电压。直流电力机车的起动和速度调节以往是借助调节起动电阻和牵引电动机的串联－并联转换来完成的。这种起动和调速方式不能做到连续平滑地调节速度，而且电能耗损大，线路转换复杂，随着直流斩波技术的发展，其逐渐被新的脉冲调压方式代替。在直流电力机车上通常采用牵引电动机磁场削弱的办法来提高机车速度，增加机车功率。磁场削弱的级数一般为二至三级。

2）交流电力机车

我国接触网电压为 20 kV 或 25 kV，单相工频为 50 Hz 或 60 Hz。在部分欧洲国家如德国、瑞典、瑞士等亦有采用单相低频交流制的，此时接触网电压为 11～16 kV，单相工频为 25 Hz。

五、电力机车电路构造

1. 整流器电力机车

整流器电力机车又称单相—直流电力机车，是应用最广的交流电力机车之一。在整流器电力机车上，接触网上的单相高压交流电首先通过牵引变压器降压，然后由硅整流元件或晶闸管组成的整流装置变换为直流电，供给牵引电动机。一般采用脉流串励电动机作为牵引电动机。这种电力机车有变压器和整流装置，因此采用改变变压器副边电压或对整流装置实行相位控制的办法均可改变整流电压，从而达到调节机车速度的目的。改变变压器副边输出电压的方式有两种，即低压侧调压和高压侧调压。SS_1 型电力机车采用低压侧调压方式。为了防止动轮空转，改善机车的黏着性能，便于牵引和制动两种工况间的相互转换，整流器电力机车也可采用他励牵引电动机，如 SS_2 型电力机车采用他励牵引电动机。

2. 单相整流子电动机电力机车

单相整流子电动机电力机车又称直接式交流电力机车，采用单相整流子牵引电动机。接触网上的高压交流电经过变压器降低电压后，直接供给牵引电动机。这种机车电气设备简单，但单相整流子电动机的换相条件随交流电频率的增高而恶化，因此其多用于单相低频交流制的电气化铁路上。

3. 单相—三相电力机车

在这种机车上，接触网上的高压交流电首先通过牵引变压器降压、整流，使中间直流环节保持稳定的直流电压或稳定的直流电流。然后再由逆变电路将中间直流电变换为三相交流电供给三相异步牵引电动机或三相同步牵引电动机。改变逆变装置输出的三相交流电的频率和电压即可调节机车的功率和速度。

六、电力机车传动形式

电力机车是从接触网上获取电能的，接触网供给电力机车的电流有直流和交流两种。由于电流制不同，电力机车分为直—直流传动电力机车、交—直流传动电力机车、交—直—交流传动电力机车三类。

1. 直—直流传动电力机车

直—直流传动电力机车采用直流制供电，牵引变电所内设有整流装置，它将三相交流电变成直流电后，再送到接触网上。因此，电力机车可直接从接触网取得直流电供直流串励牵引电动机使用，简化了机车上的设备。直流制的缺点是接触网的电压低，一般为 1 500 V 或 3 000 V，接触导线要求很粗，要消耗大量的有色金属，加大了建设投资。

2. 交—直流传动电力机车

在交流制中，世界上大多数国家都采用工频（50 Hz）交流制或 25 Hz 低频交流制。在这种供电制下，牵引变电所将三相交流电改变成 25 kV 工业频率单相交流串励电动机，把交流电变成直流电的任务在机车上完成。由于接触网电压比直流制时提高了很多，接触导线的直径可以相对减小，减少了有色金属的消耗和建设投资，因此，工频交流制被广泛采用。

3. 交—直—交流传动电力机车

交—直—交流传动电力机车从接触网上引入的仍然是单相交流电，它首先把单相交流电整流成直流电，然后把直流电逆变成可以使频率变化的三相交流电供三相异步电动机使用。这种机车具有优良的牵引能力，目前得到了广泛应用。

任务实施

时间	任务	实施	说明
20 min	子任务 1　常见电力机车的分类	电力机车：＿＿＿＿＿＿	分组讨论各型号电力机车的优缺点
20 min	子任务 2　说明电力机车的工作原理	电力机车的工作原理：＿＿	
20 min	子任务 3　讨论电力机车的电路构造和传动形式	电路构造：＿＿＿＿＿ 传动形式：＿＿＿＿＿	

任务评价

类型	评价标准（打√）	加、减分项（列举）	创新点（列举）
自我评价	A：□B：□C：□D：□	加分项：＿＿＿＿＿＿ 减分项：＿＿＿＿＿＿	
小组评价	A：□B：□C：□D：□	加分项：＿＿＿＿＿＿ 减分项：＿＿＿＿＿＿	

填表说明：A：85～100 分；B：70～84 分；C：60～69 分；D：<60 分。

加分项：在原有课程资源基础上，能拓展出新的知识与技能，能升华出劳动光荣、敬业精神、爱国主义、奉献社会、工匠精神、创新创业等意识。

减分项：比对教师的参考答案和其他组的结论，对部分知识点和基本技能的掌握有缺失。

创新点：在学习方法、学习技能、知识拓展、思维创新等方面有具体突破。

任务拓展

1. 查找资料了解和谐系列电力机车的优点。
2. 查找资料了解我国先进的永磁电机技术与交流传动技术。
3. 了解我国电力机车生产厂家及主打车型。

任务 2.3　“长辫子”火车头的组成——电力机车的结构

任务描述

了解电力机车的工作原理及几大核心部件的功能，能对常见的电力机车进行性能分析。

学习目标

掌握电力机车的组成；掌握电力机车核心部件的工作原理；了解电传动的最新技术。

全景思政

一粒小砂子的千里大秦路——大秦线上的“捅砂人”

【爱岗敬业】

“虽然砂子很不起眼，但要是堵住了扬砂嘴和送砂管，车就没办法开，会影响运煤的效率。”中国铁路太原局集团有限公司湖东电力机务段整备车间机车保养员商兰波从机车下面钻出来，用手撑地，翻身站起来，抬头说道。

此时正是最冷的时节，室外温度 −26 ℃，穿着羽绒服也能感到寒气凛凛。商师傅和他的徒弟高剑波是大秦铁路上仅有的两名专门对机车的“撒砂系统”进行检查维修的工作人员。

【吃苦耐劳】

轰鸣的机车旁，商师傅挎着工具包，手里拿着电动扳手和一块自制的泡沫坐垫，看上去有些“邋遢”，厚棉衣套着皮夹克，工作服上满是油污，左胳膊肘部布料被撕破了很长一道。“让你们笑话了。干这活儿，每天机车底下钻，穿不了干净衣服。”他拍了拍衣服上的土，有些不好意思地笑了。

【勇于奉献】

57 岁的商兰波工作了 30 多年，干过烤砂工、上砂工，现在主要负责机车保养。整备车间副主任周立新介绍，湖东电力机务段配属各类机车 500 余台，其中整备车间每日整备用于牵引 2 万 t 列车的和谐机车就有 350 台。该段担当的大秦线全长 653 km，牵引区段要穿越军都山隧道、翻越 5 处 100 多 km 的长大坡道，落差相当于 10 层楼的高度。尤其是遇到雨雪天，牵引 2 万 t 重载列车爬长大坡道时，要依靠撒砂系统。

商师傅自豪地说道：“我修过的机车，往返 1 300 多 km，重车去，空车回，保来回！”

“列车在启动、上坡道时，很容易出现车轮打滑现象，严重时会导致列车坡停事故。”商师傅说道。这时需要司机启动机车自带的撒砂装置，顺着轨道喷撒砂子，相当于给火车穿上了“防滑鞋”。“撒砂以后砂子就会落在钢轨和车轮中间，增大轮轨间的摩擦力，避免出现机车空转现象。”

【一丝不苟】

“噗、噗、噗”，一阵撒砂声后，商师傅说道：“这个不行，一听就知道撒砂量不够。”说完，他把自制的泡沫坐垫放在机车底下，翻身一屁股坐在上面，从包里将扳手、钳子、改锥及捅砂棍有序地摆放在眼前，上半身钻进车底，熟练地在狭小的空间中“闪转腾挪”，遇到车身狭窄处就只能平躺在缝隙中。

商师傅说：“砂子不下落的原因有很多，有的是撒砂胶管裂了，有的是扬砂嘴堵了，有的是送砂管不通了，还有的是砂箱里的砂子形成板结。如果机车的撒砂系统不好，肯定无法上线，特别是2万t重载列车，车长，又重，下砂痛快，爬坡才有劲。”

【精益求精】

说完，商师傅把扬砂嘴放在嘴上一吹，“扬砂嘴堵了，出砂不顺畅，得换一个。”拥有几十年工作经验的商兰波一吹就知道问题出在哪里。平均一天吹几十个扬砂嘴的商师傅，嘴上沾满了厚厚的一层灰。

大秦铁路西起山西大同，东至河北秦皇岛，是我国“西煤东运”的大动脉，煤炭运量占全国铁路运煤总量的近1/5。车间党总支书记张杰介绍，从电煤保供开始，大秦线货运量比往年同时段增长了很多，日均运送达130万t，机车上线率较高，回到段本部保养的机车一台接着一台。商兰波和徒弟高剑波每天至少要检修几十台机车。

【恒存发展】

“我们这个工作，好多人都不了解。”商师傅说道，虽然是春节期间，但对他们来说不管什么时候，都和平时一模一样。

远处的轰鸣声又渐渐响起，商师傅顾不上停歇，准备开始新一轮的“战斗”……

一、电力机车的基本结构

电力机车在构造上由机械部分、电气部分和空气管路系统三大部分组成。

1. 机械部分

机械部分包括车体、转向架和牵引缓冲装置。车体用来安放各种设备，同时也是乘务人员的工作场所，车体由底架、司机室、台架、侧墙和车顶等部分组成。司机室设在车体的两端。司机室内安装控制设备，如司机控制器、制动阀、按钮开关、监测仪表和信号灯等。两司机室之间用来安装机车的全部主要设备，有时划分成小室，分别安装辅助机组、开关设备、换流装置，以及牵引变压器等。部分电气设备如受电弓、主断路器和避雷器等则安装在车顶上。转向架则用于承担机车重量，传递机车牵引力，并使机车在线路上行驶；牵引缓冲装置则是连挂机车与列车的装置。电力机车的机械部分与内燃机车的机械部分在结构上基本一致。HXD_3型电力机车车体如图2－16所示。

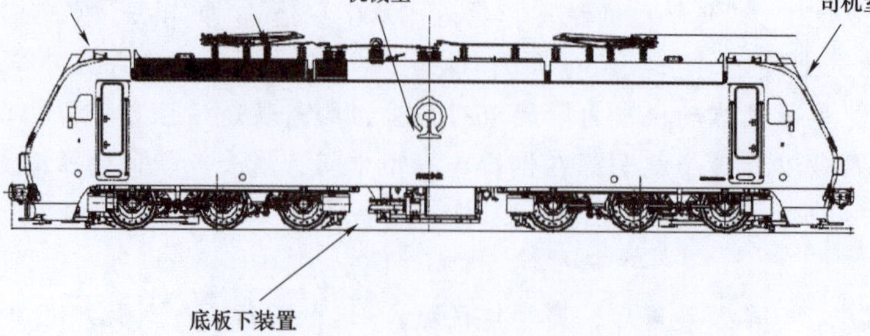

图2－16　HXD_3型电力机车车体

2. 电气部分

电气部分包括牵引变压器、变流装置、牵引电动机和辅助电动机组等，其功能是将来自接触网的电能转变为牵引列车所需要的机械能，并实现机车的控制。按功能划分，电力机车的电气部分分为主电路、辅助电路和控制电路 3 条电气回路，机车上所有的电气设备都在这三条电气回路中。

1）主电路

主电路是连接牵引电动机及其相关的电气设备的线路，该线路具有高电压、大电流的特点，因此亦称为高压电路或牵引动力电路。主电路的主要功能是产生机车牵引力和制动力，实现机车的功率传输。不同的车型因牵引电动机的类型不同，主电路的结构也不相同，按照电传动方式主要分为交—直和交—直—交两类。以 HXD_3 型电力机车为例，电传动方式为交—直—交，机车主电路主要由网侧电路、主变压器、主变流器及牵引电动机等组成。

（1）网侧电路。网侧电路由 2 台受电弓 AP1、AP2（受电弓如图 2－17 所示），2 台高压隔离开关 QS1、QS2，1 个高压电流互感器 TA1，1 个高压电压互感器 TV1，1 台主断路器 QF1（主断路器如图 2－18 所示），1 台高压接地开关 QS10，1 台避雷器 F1，主变压器原边绕组 AX，1 个低压电流互感器 TA2 和回流装置 EB1～EB6 等组成。接触网电流通过受电弓 AP1 或 AP2 进入机车，经高压隔离开关 QS1 或 QS2 和主断路器 QF1，通过高压电流互感器 TA1 进入车内，经 25 kV 高压电缆与主变压器原边 1U 端子相连，经过主变压器原边，从 1V 端子流出，通过 6 个并联的回流装置 EB1～EB6，从轮对回流至钢轨。

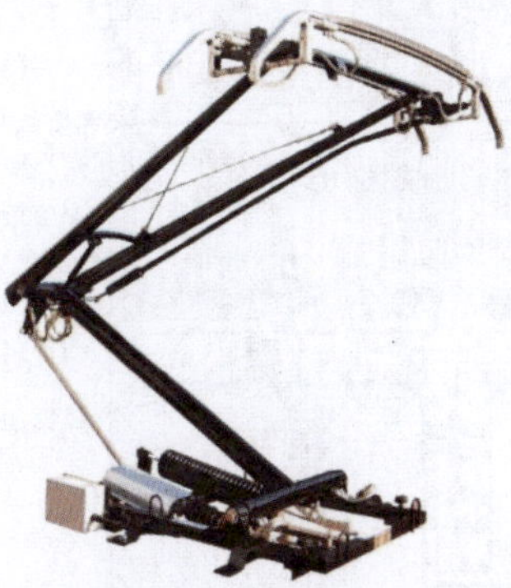

图 2－17　受电弓

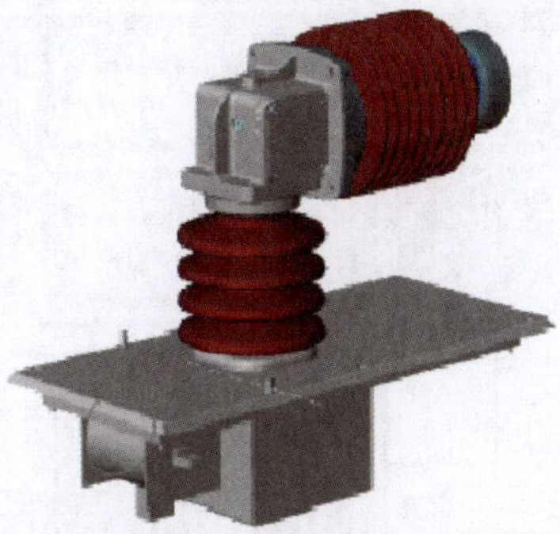

图 2－18　主断路器

（2）主变压器。主变压器又称牵引变压器，如图 2－19 所示，它把从接触网上获得的 25 kV 高压电降低为牵引电动机所适用的电压，不同型号的电力机车变压器各不相同。HXD_3 型电力机车采用轴向分裂、心式卧放、下悬式安装的一体化多绕组变压器，具有高阻抗、重量轻等特点；采用了真空注油、强迫风冷、氮气密封等特殊的工艺措施，延长变压器的绝缘寿命。HXD_3 型电力机车主变压器共设置 8 个次边绕组，其中 6 个 1 450 V 牵引绕组分别用于两

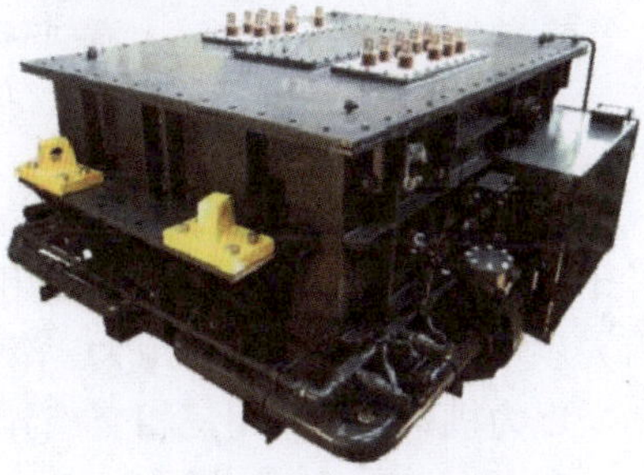

图 2－19　主变压器

套主变流器的供电，2 个 399 V 辅助绕组分别用于辅助变流器的供电。

（3）主变流器。变流装置是根据负载需要，将从接触网获取的单相交流电通过整流装置变为直流电，供给直流电机使用。对于使用三相异步交流电动机的机车，变流器需要将单相交流电整流为直流电，再通过逆变装置将直流电变为电压和频率可调的三相交流电，以满足负载的要求。以 HXD_3 型电力机车为例，采用两组主变流器 UM1、UM2，分别由主变压器的牵引绕组 2U1～2V6 供电，主变流器再分别给牵引电动机 M1、M2、M3 和 M4、M5、M6 供电。两套主变流器的电路完全相同，主变流器内部可以看成由 3 个独立的“整流—中间电路—逆变”环节（称为牵引变流器）构成。每组牵引变流器分别有 2 个接触器、1 个输入电流互感器、1 个充电电阻、1 个四象限整流器、中间电路、1 个 PWM 逆变器、2 个输出电流互感器等组成。机车 6 组牵引变流器的主电路和控制电路相对独立，分别为 6 个牵引电动机提供交流变频电源。当其中一组或几组发生故障时，可通过 TCMS 微机显示屏，利用触摸开关将故障的牵引变流器切除，剩余单元仍可继续工作，实现整车的冗余控制，HXD_3 型电力机车主变流柜如图 2-20 所示。

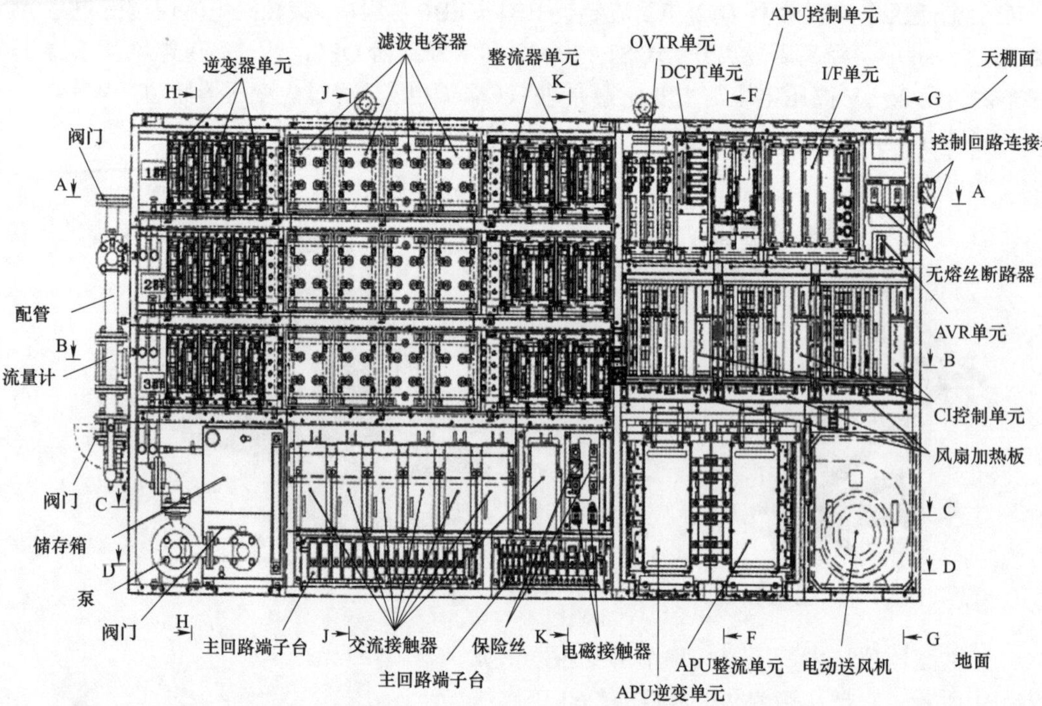

图 2-20　HXD_3 型电力机车主变流柜

（4）牵引电动机。牵引电动机是电力机车的动力来源，其性能直接决定了电力机车的性能。干线运行的电力机车中主要使用直流牵引电动机和三相交流异步牵引电动机，其中三相交流异步牵引电动机因其功率大、牵引力大、可靠性高等优点，正逐步取代直流牵引电动机，和谐型电力机车普遍采用三相交流异步牵引电动机。牵引电动机如图 2-21 所示。

2）辅助电路

辅助电路是指连接辅助设备及其相关的电气设备的电路。电力机车的辅助设备是为保证主电路中各电气设备正常工作而设置的，辅助设备能否正常工作，直接影响主电路能否正常工作，亦影响机车的正常工作。电力机车的辅助设备主要有空气压缩机、通风机、油泵，以及其他设备（如空调、照明设备、取暖设备等），电传动为交—直型的电力机车一般还需配备劈相机，用来将单相交流电转变成三相交流电，供给牵引通风机、油泵机组和空气压缩机等辅助电机使用。由于辅助电路供电的设备种类和数量均要大于主电路，因此电力机车中辅助电路要比主电路更复杂。

图2－21　牵引电动机

3）控制电路

控制电路是机车三大电路中最为复杂的电路，主要完成机车的逻辑控制。控制电路由司机控制器、低压电器、主电路与辅助电路中的各电器电磁线圈及各电器的触头联锁等组成，可以控制主电路和辅助电路中各电器设备的动作，并通过机车操纵台上各按键开关和司机控制器手柄，使机车按照司机的意图运行。随着微机技术的逐渐发展，现在新型的电力机车都引入了微机控制系统，大大减少了电磁接触器的使用，转由微机来实现对机车的直接控制，司机负责将控制指令发给微机控制系统，这样的改变大大降低了机车的故障率，提高了机车工作的稳定性。HXD_3型电力机车的控制电路主要可以实现以下功能。

（1）顺序逻辑控制：升、降受电弓，分、合主断路器，司机控制器的换向、牵引、制动，辅助电动机的逻辑控制，机车库内动车逻辑控制，主辅变流器库内试验逻辑控制等。

（2）机车特性控制：采用恒牵引力/制动力＋准恒速特性控制，实现对机车的控制要求。

（3）定速控制：根据机车运行速度，可以实现牵引工况下机车恒定速度控制。

（4）辅助电动机的控制：除空气压缩机外，机车各辅助电动机根据机车准备情况，在外部条件具备的前提下，由TCMS发出指令，与辅助变流器同时启动、运行。空气压缩机则根据总风缸压力情况，通过控制接触器的分合来实现控制。

（5）制动机控制：CCB－Ⅱ型制动机的电空网络控制和机车防滑行保护。

（6）机车黏着控制：防空转、防滑行控制、轴重转移补偿控制。

（7）故障诊断、显示与保护：通过设在司机室的微机显示屏显示机车正常运行的状态信息，如网压、原边电流、机车工况、级位、机车牵引力、机车速度等；正常的设备工作状态，如主变流器、辅助变流器等；正常的设备开关状态，如主断路器、辅助接触器、各种故障转换开关；显示机车即时发生的故障信息，如发生故障的设备、故障处理的方法等，并将故障发生时的有关数据进行存储。

（8）机车重联控制：最多可以实施同型号的4台机车重联。

3. 空气管路系统

空气管路系统包括空气制动机管路系统、控制气路系统和辅助气路系统3部分，分别用于实现机车的空气制动、机车上各种设备的风动控制，以及向各种风动器械供风。

二、机车设备布置

为了保证机车运行中设备的可靠和安全，充分利用有限的车体空间，既要便于设备的检查、维修和拆装，又要使重量保持均衡，使设备布置合理，一般机车设备布置应遵循以下原则。

（1）必须保证重量分配均匀。

（2）要充分满足设备的安装、拆卸、检查和维修的方便。

（3）应注意节约导线、电缆，以及压缩空气、冷却空气的管路。

以 HXD_3 型电力机车为例，该机车为 6 轴货运电力机车，在机车的两端各设有一个司机室，中间为机械室。在机械室内设有 600 mm 宽的中央通道，在通道左右两侧安装有变流器、通风机、空气压缩机等设备。在车体下设有两台三轴的转向架及一台主变压器，在顶盖上设有高压电器。车内设备布置以平面斜对称布置为主，设备成套安装，有利于机车的重量分配，机车的制造、检修和部件的互换。全车分为司机室设备安装、车顶设备安装、车内机械室设备安装和车下设备安装等五部分，HXD_3 型电力机车主要设备布置如图 2-22 所示。

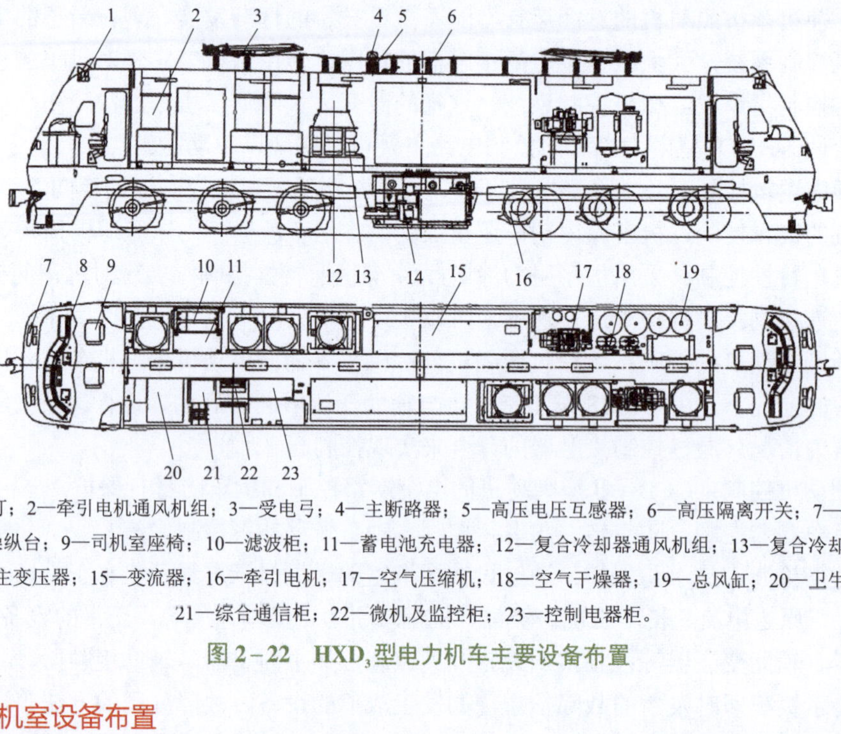

1—前照灯；2—牵引电机通风机组；3—受电弓；4—主断路器；5—高压电压互感器；6—高压隔离开关；7—标志灯；8—操纵台；9—司机室座椅；10—滤波柜；11—蓄电池充电器；12—复合冷却器通风机组；13—复合冷却器；14—主变压器；15—变流器；16—牵引电机；17—空气压缩机；18—空气干燥器；19—总风缸；20—卫生间；21—综合通信柜；22—微机及监控柜；23—控制电器柜。

图 2-22　HXD_3 型电力机车主要设备布置

1. 司机室设备布置

机车司机室的结构和设备布置应按规范化司机室的要求设计，按照人机工程学理论设计司机的座椅位置、腿部空间及司机的瞭望视野。主司机座椅应尽量靠近司机室中间，保证司机两侧的视野范围。司机室设备布置还应采用降噪和隔热材料，保证司机室的噪声降到 75 dB 以下，并采用空调和风扇等进行通风和防暑。

以 HXD_3 型电力机车为例，司机室内设有操纵台、八灯显示器、司机座椅、端子柜、热水器、紧急放风阀、灭火器等设备。司机室顶部设有空调装置（冷热）、风扇、头灯、司机室照明等设备。司机室前窗采用电加热玻璃，窗外设有电动刮雨器，窗内设有遮阳帘；侧窗外设有后视镜。在操纵台上设有 TCMS 显示器、ATP 显示器、压力组合模块、司机控制器、制动控制器、扳键开关组、制动装置显示器、冰箱、暖风机等。HXD_3 型电力机车司机室设备布置如图 2-23 所示。

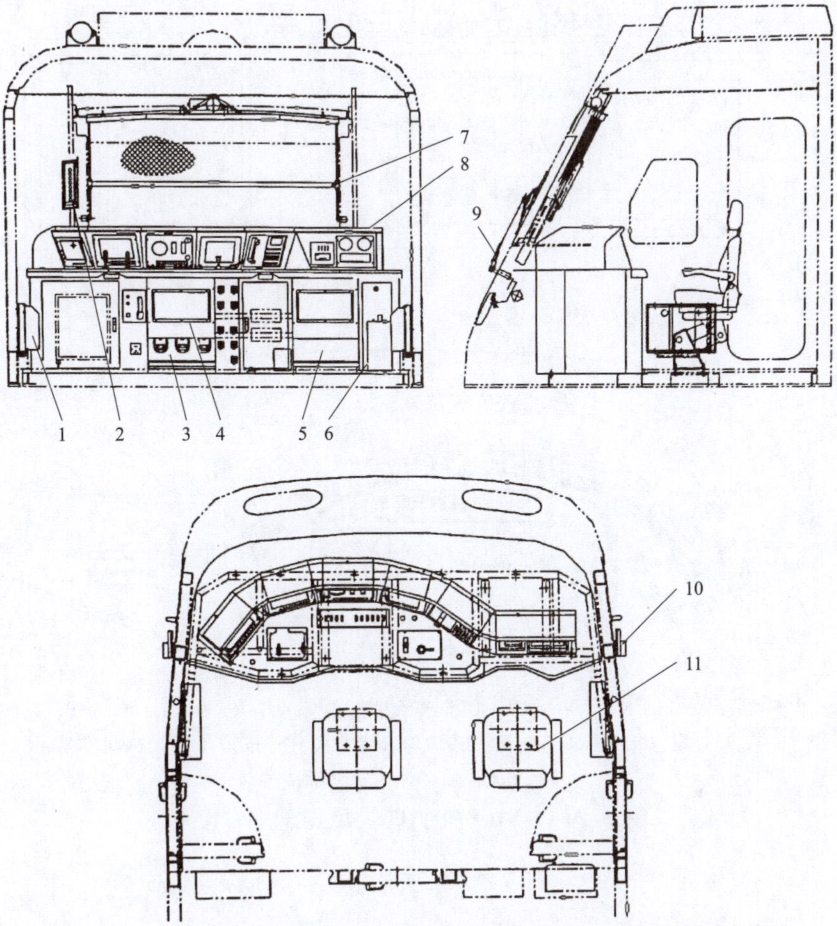

1—壁炉；2—八灯显示器；3—脚炉；4—主台膝炉；5—副台脚炉；6—刮雨器水箱；7—遮阳帘；8—操纵台；9—电动刮雨器；10—后视镜；11—司机座椅。

图 2-23 HXD_3 型电力机车司机室设备布置

2. 操纵台设备布置

机车操纵台是机车的人机交互设备，司机通过操纵台上各装置发出控制机车的指令，完成机车牵引、制动等各项控制操作，通过操纵台上的各个仪表、显示器等观测机车运行状态。HXD_3 型电力机车操纵台设备布置如图 2-24 所示，HXD_3 型电力机车操纵台如图 2-25 所示。在操纵台上设有 TCMS 显示器、ATP 显示器、制动控制器（见图 2-26）、扳键开关组（见图 2-27）、司机控制器（见图 2-28）、多功能状态组合模块（见图 2-29）、机车综合无线通信设备（见图 2-30）、压力仪表模块（见图 2-31）、制动装置显示器、冰箱等设备。

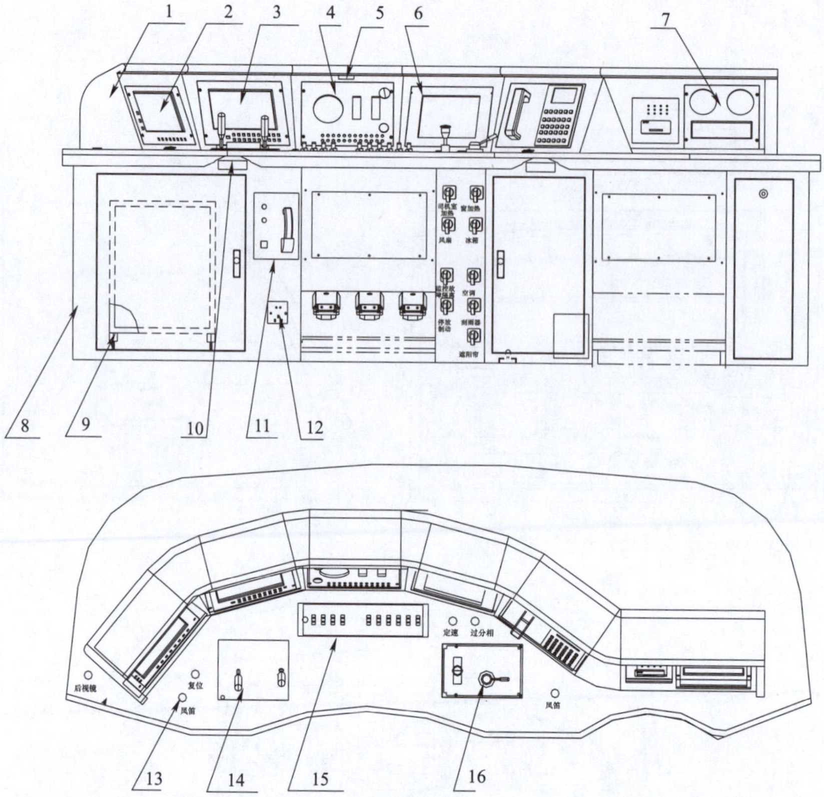

1—面板；2—制动显示屏；3—监控显示屏；4—多功能状态组合模块；5—计点灯；6—微机显示屏；7—压力仪表模块；8—柜体；9—冰箱；10—烟灰缸；11—重联电话；12—电源插座；13—按钮；14—电空制动控制器；15—扳键开关组；16—司机控制器。

图 2-24　HXD_3型电力机车操纵台设备布置

图 2-25　HXD_3型电力机车操纵台

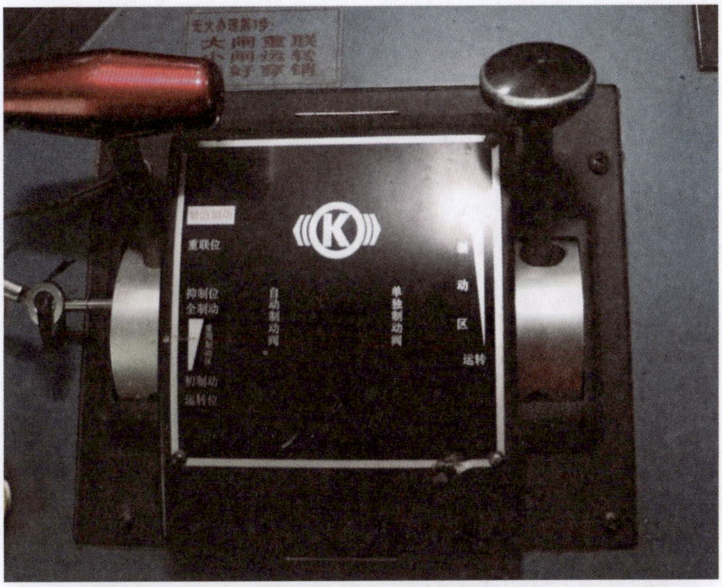

图 2－26 制动控制器

图 2－27 扳键开关组

图 2－28 司机控制器

图 2－29　多功能状态组合模块

图 2－30　机车综合无线通信设备

图 2－31　压力仪表模块

3. 机械间设备布置

机车的电气系统设备和空气系统设备都布置在机械间，为提高系统的可靠性，降低故障率，尽量减少不必要的交叉配管，机车机械间必须合理布置。HXD_3 型电力机车机械间内布置有空气压缩机（见图 2-32）、牵引电机通风机组（见图 2-33）、复合式冷却器及复合冷却器通风机组（见图 2-34）、总风缸（见图 2-35）、制动屏柜（见图 2-36）、控制电器柜（见图 2-37）、更衣箱、卫生间、蓄电池、充电装置、蓄电池柜、滤波装置，微机及监控柜、综合通信柜、辅助变压器、辅助风缸、干燥器、主变流装置等设备，其电气设备按功能和电压等级进行分区集中布置，有利于高压、低压、传送信号等各种配线之间的连线，避免信号干扰，空气系统设备应尽量缩短空气管路，提高效率，同时考虑机车的重量分配（按斜对称布置）。

图 2-32 空气压缩机

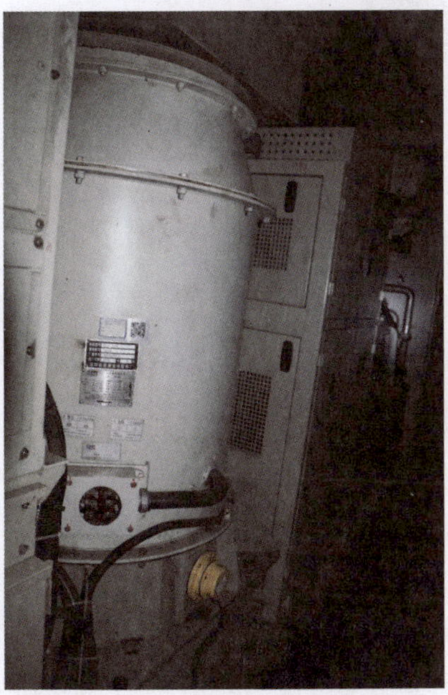

图 2-33 牵引电机通风机组

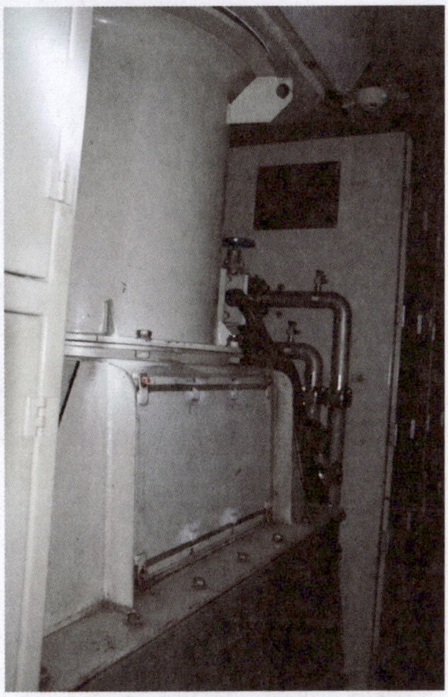

图 2-34 复合式冷却器及复合冷却器通风机组

图 2－35　总风缸

图 2－36　制动屏柜

图 2－37　控制电器柜

4. 车顶设备布置

以 HXD_3 型电力机车（见图 2－38）为例，机车顶盖设计成大顶盖结构，有利于机车设备的安装。机车顶盖由 3 个顶盖组成，车顶设备布置分为Ⅰ端顶盖设备布置、Ⅱ端顶盖设备布置和中央顶盖设备布置，HXD_3 型电力机车车顶设备布置如图 2－39 所示。Ⅰ端顶盖设备布置与Ⅱ端顶盖设备布置完全一样，顶盖上布置有受电弓和空气绝缘子。两个顶盖的结构和安装尺寸也完全相同，但在Ⅰ端顶盖上设有卫生间通风口，因此两个顶盖不可以互换安装。顶盖上设置有牵引电机冷却风进风口，通风道横向贯通顶盖，通风口设在通风机相对侧，车体侧墙不设通风口，有利于提高车体强度。通风道与顶盖在车下整体焊装，有利于提高机车组装的工作效率。顶盖设有与外界交换空气的换气孔，有利于夏季车内降温。机车上的主要高压设备大部分都布置在中央顶盖上。中央顶盖上设有检修用天窗，由此上车顶对高压电器件进行检修和维护作业。为确保安全，天窗与接地开关设置了钥匙联锁装置。中央顶盖上布置的高压电器设备有受电弓高压隔离开关，高压电压互感器，真空断路器、接地开关、避雷器、高压电缆及连接母线等，同时设置有辅助变流器通风口和过滤网。

图 2－38　HXD_3型电力机车

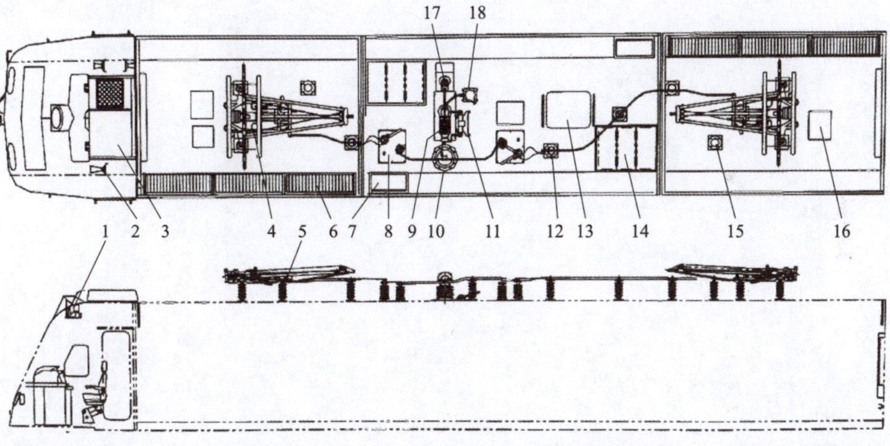

1—前照灯；2—风笛；3—空调；4—受电弓；5—受电弓绝缘子；6—牵引风道过滤器；7—辅助变流器风道过滤器；8—高压隔离开关；9—真空断路器；10—高压电压互感器；11—接地开关；12—支持绝缘子；13—车顶天窗；14—复合冷却器通风过滤网；15—绝缘子；16—车顶通风口；17—高压电缆；18—避雷器。

图 2－39　HXD_3型电力机车车顶设备布置

5. 车下与车端设备布置

因电力机车的设计理念在不断发展，因此不同时代生产的电力机车车下设备布置也不尽相同，以 HXD_3 型电力机车为例，机车主变压器悬挂在机车车下中部，以主变压器为中心对称布置了 2 台转向架。在转向架上配置有牵引电机等设备。另外在车下还配置了动车用插座、辅助/控制电路外接电源插座、行灯插座、电子标签、速度传感器等设备。车下与车端设备布置如图 2–40 所示。

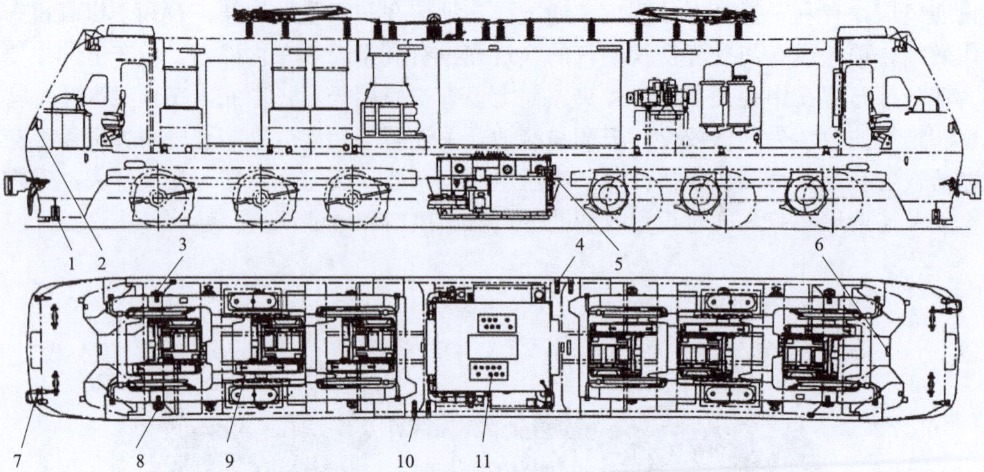

1—信号互感器；2—标志灯；3—速度传感器；4—110 V 充电插座；5—电子标签；6—车底灯；7—重联插座；8—接地装置；9—转向架；10—动车用插座；11—主变压器。

图 2–40　车下与车端设备布置

任务实施

时间	任务	实施	说明
20 min	子任务 1　电力机车的总体认识	（1）：______ （2）：______ （3）：______	
20 min	子任务 2　探索电力机车各部分的联系	联系：	
30 min	子任务 3　电力机车的设备布置	（1）：______ （2）：______ （3）：______	

任务评价

类型	评价标准（打√）	加、减分项（列举）	创新点（列举）
自我评价	A：□B：□C：□D：□	加分项：______ 减分项：______	
小组评价	A：□B：□C：□D：□	加分项：______ 减分项：______	

填表说明：A：85～100 分；B：70～84 分；C：60～69 分；D：＜60 分。

加分项：在原有课程资源基础上，能拓展出新的知识与技能，能升华出劳动光荣、敬业精神、爱国主义、奉献社会、工匠精神、创新创业等意识。

减分项：比对教师的参考答案和其他组的结论，对部分知识点和基本技能的掌握有缺失。

创新点：在学习方法、学习技能、知识拓展、思维创新等方面有具体突破。

任务拓展

1. 了解牵引电机新技术。
2. 了解本书未介绍的其他型号电力机车的结构与设备布置。

任务 2.4 认识自带能源的内燃机车

任务描述

了解我国内燃机车的应用前景，掌握内燃机车的工作原理，能从能耗、结构、工作原理等方面分析内燃机车的特点。

学习目标

了解内燃机车的分类；了解内燃机车的工作原理；把握我国内燃机车的发展趋势、熟悉我国领先的大功率内燃机车技术。

全景思政

万里铁道线上的最美风景——走近 2021 年“最美铁路人”

他们是飘扬在铁路一线的一面面旗帜，是在平凡岗位上书写不凡篇章的逐梦身影，他们就是“最美铁路人”。在我国的万里铁道线上，他们以饱满的工作热情奏响时代强音，用实际行动诠释“最美”的含义。

【立足本职守初心】

“请问到长春的高铁在哪儿候车？”“去沈阳坐哪趟车能最快到？”“大姐，我的手机没电了，在哪儿能快速充电？”……在大连站的服务台前，总有一个身材娇小、面庞白皙的女子以平和而自信的语气回答着身边旅客提出的问题，她就是中国铁路沈阳局集团有限公司大连站客运车间值班站长刘晓云。

参加工作 27 年来，刘晓云摸索总结了巧用礼仪表达、常用英语对话、通用哑语手势、活用人文地理常识、擅用常见疾病应急处置、妙用新媒体服务平台的“六用”服务法，带头成立了“刘晓云工作室”和“馨驰半岛”党员服务队，以“问不恼、问不倒”的服务境界和深厚的知识储备广受好评。

【诚信服务守本职】

和刘晓云一样，中国铁路广州局集团有限公司衡阳车务段衡阳站值班员、职教科兼职教员王军也在服务铁路的过程中发挥了重要作用。退伍入路以来，他始终保持军人的优良作风，摸索总结出“精读、巧记、深思、熟背、苦练、活用”12 字学习法，逐步成长为业务技能拔尖人才。

一花独放不是春，百花齐放春满园。王军在平凡的岗位上成就了自己的梦想，同时也当起了育人育才的“辛勤园丁”。他先后在京广、湘桂、衡柳、怀衡和吉衡线参与安全攻关 15 次，主导编制了近 20 项教学课件，面向一线职工授课 180 余场次，开展现场教学 360 余次，各类答疑近万次，培训学员 1 900 余人，带出了上百名技术骨干，有 70 余人在各级技能比赛中获奖。

中国铁路太原局集团有限公司朔州车务段宋家庄站业务主管薛胜利则是大秦铁路线上一名始终奋战在煤炭装车一线的铁路人，当特殊情况严重干扰正常货源组织时，为了给人民群众温暖过冬提供保障，薛胜利凭借灵活的运输方案留住了客户。结合运输实际，他摸索出一套“查、校、盯、比、核”的装车办法，既能确保装载安全又能最大限度实现满载。

【攻坚克难勇担当】

在全路海拔最高的公安派出所连续坚守十载，是怎样的一种体验？青藏铁路公安局格尔木铁路公安处乘警支队政委郑天海有着切身体会。2010 年 5 月，郑天海告别妻子和不满周岁的女儿来到沱沱河。“苦，那是真苦，但再苦也得有人守着。选择坚守青藏铁路，我无怨无悔！”

从 30 岁到 40 岁，郑天海积极发扬“挑战极限、勇创一流”的青藏铁路精神，扎根高海拔地区，在海拔 4 547 米的沱沱河站派出所坚守整整 10 年，直至他 23 项身体指标不合格、听力严重受损，才不得不离开了挚爱的岗位。

2020 年新冠肺炎疫情袭来，中国铁路上海局集团有限公司上海机辆段动车组指导司机冯剑坚第一个报名，将按有红手印的“请战书”交给党组织。在他的带领下，全段共有 136 名动车组司机踊跃报名。

作为一名驻港部队退伍军人，冯剑坚秉持顽强的作风，苦练驾驶技术，成为我国第一代动车组司机。他主动承担急难险重任务，先后参与盐通、沪苏通等线路的联调联试工作，特别是疫情暴发后，主动请缨成为中国铁路上海局集团有限公司驰援武汉的首趟列车的司机。2021 年智能复兴号列车上线后，冯剑坚驾驶列车进行管内拉通试验，确保智能复兴号列车安全运行。

同样在工作岗位上诠释担当精神的还有中国铁路郑州局集团有限公司洛阳工务段杨连第桥隧工区工长李玉斌，14 年来，他一直守护着陇海铁路线上的“英雄桥”——杨连第桥。多年来，他带领班组克服困难，利用吊架在 45 米高的梁体外侧悬空作业，累计处理线路故障 110 余个，处置安全隐患 130 余个，确保了管内 36 座桥梁、10 座隧道和 110 座涵渠的设备优良率始终保持在 100%。

【匠心逐梦当先行】

2019 年 12 月 30 日，京张高铁开通运营。回顾建设历程，京张城际铁路有限公司运输安全部副部长王久军感触颇多，他正是当年京张高铁建设大军中的一员。

参与京张高铁建设以来，王久军先后负责站房、桥梁、道路穿跨等工程技术管理，标准化管理及精品工程创建等工作。他总结提炼的“问题导向”方法，采取超浅埋掘进技术、线路调坡等措施实现盾构方式通过，破解了京张高铁建设制约瓶颈。

作为中国第一代高铁工人，中车唐山机车车辆有限公司车体事业部高级技师张雪松从 1992 年起便一直奋斗在一线。作为“国家级技能大师工作室”和“全国劳模示范性创新工作室”领衔技师，张雪松带领工友们开展技术革新 109 项，制作工装卡具 66 套，形成工艺文件和操作指导书 72 项，其将《数显内侧尺检测修理五步法》等操作法制作成教学课件，在网络上多次对全国工友进行讲授和交流。

同样富有创新意识，在平凡岗位上发光出彩的，还有中国铁路武汉局集团有限公司金鹰重工工程机械研究院副院长王江。他主持研发的大功率轨道车、参与研制的打磨列车等高原产品在高海拔恶劣环境下作业性能稳定，参与研发的高原轨道车连续 19 年为青藏铁路等重点工程保驾护航，带队研制的大功率轨道车解决了车辆在长大坡道牵引和制动的难题。

2021 年 12 月 3 日，“一带一路”标志性工程中老铁路正式开通运营，这对中国铁路昆明局集团有限公司昆明北车辆段检车员陈向华来说，是一件特别值得骄傲的事。早在 2021 年 10 月，他便接到为中老铁路挑选试运行货运车辆的紧急任务。作为该段技能大师工作室负责人，陈向华带领团队制作了 18 类、270 余件车辆检修专用工具送到老挝，并针对热轴调查处置、空气制动故障、钩缓故障等制作“车辆救援房”所需全套工具，为中老铁路货运列车日常检修和沿途应急处置提供保障。

一、内燃机车概述

内燃机车是以内燃机作为原动力，通过传动装置驱动车轮的机车。我国铁路机车上采用的内燃机绝大多数是柴油机。燃油（柴油）在气缸内燃烧，将热能转换为机械能，此机械能不直接驱动动轮，而是通过传动装置转换为适合机车牵引特性要求的机械能，再通过走行部驱动机车动轮在轨道上转动。

20 世纪初，国外开始探索试制内燃机车。1924 年，苏联制成一台电力传动内燃机车，并交付铁路使用。同年，德国将柴油机和空气压缩机配接，利用柴油机排气余热加热压缩空气代替蒸汽，将蒸汽机车改装成空气传动内燃机车。1925 年，美国将一台 220 kW 电传动内燃机车投入运用，从事调车作业。20 世纪 30 年代，内燃机车进入试用阶段。第二次世界大战以后，因柴油机的性能和制造技术迅速提高，内燃机车多数配装了废气涡轮增压系统，功率比战前提高约 50%，配置直流电力传动装置和液力传动装置的内燃机车快速发展，到了 20 世纪 50 年代，内燃机车数量急骤增长。20 世纪 60 年代，大功率硅整流器研制成功，并应用于机车制造，出现了交—直流电力传动的 2 940 kW 内燃机车。在 20 世纪 70 年代，单柴油机内燃机车功率已达到 4 410 kW。随着电子技术的发展，1971 年，1 840 kW 的交—直—交电力传动内燃机车试制成功，从而为内燃机车和电力机车的技术发展提供了新的途径。内燃机车随后的发展，表现在不断提高机车的可靠性、耐久性和经济性，以及防止污染、降低噪声等方面。

我国从 1958 年开始制造内燃机车，东风型等 3 种型号的内燃机车最早投入批量生产。1969 年后，我国相继批量生产了 DF_4 等 15 种新机型，同第一代内燃机车相比，新机型在功率、结构、柴油机热效率和传动装置效率上，都有显著提高，而且还分别增设了电阻制动、液力制动和液力换向、机车各系统保护和故障诊断显示、微机控制的功能；采用了承载式车体、静液压驱动等一系列新技术；在机车可靠性和使用寿命方面有很大提高。

二、内燃机车分类

内燃机车按照功能可分为货运机车、客运机车和调机机车，货运机车以 DF_4、DF_{8B}、HXN_3 和 HXN_5 为主；客运机车有 DF_{4D}、DF_{11} 和 ND_3；调机机车主要为 DF_5、DF_7 系列、HXN_{3B} 和 HXN_{5B}。最新研制成功的复兴号货运内燃机车正在运用考核阶段，即将正式批量生产。

内燃机车分类如图 2－41 所示。

内燃机车按传动方式不同可分为：机械传动内燃机车（仅适用于工矿专用的小功率内燃机车）、电力传动内燃机车、液力传动内燃机车。我国铁路运用的内燃机车为电力传动内燃机车和液力传动内燃机车两种。

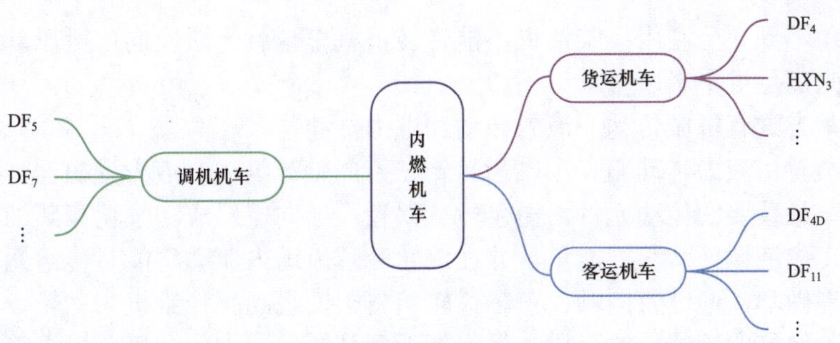

图 2－41　内燃机车分类

三、内燃机车的组成

内燃机车主要由通风系统、进排气系统、机油系统、燃油系统、冷却水系统、空气制动系统、车体、电传动系统和转向架 9 个部分组成，如图 2－42 所示。

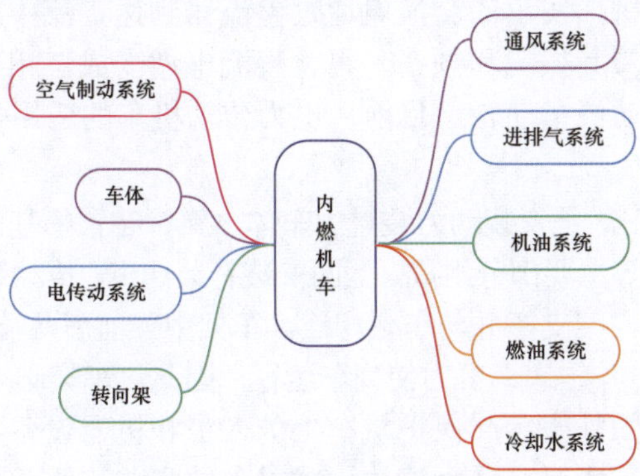

图 2－42　内燃机车的组成

四、内燃机车的核心部件

1. 柴油机

内燃机车动力装置（柴油机）的主要结构特性包括气缸数、气缸排列形式、气缸直径、活塞冲程、增压与否等。现代机车用的柴油机都配备了废气涡轮增压器，以利用柴油机废气推动涡轮压气机，把提高了压力的空气经中间冷却器冷却后送入柴油机进气管，从而大幅度提高了柴油机的功率和热效率。柴油机有四冲程和二冲程两种工作方式，同等转速的四冲程柴油机的热效率一般高于二冲程，所以大部分机车采用四冲程柴油机。从转速来看，柴油机分为高速机、中速机和低速机 3 种。为满足各种功率的需要，厂家会生产有相同气缸直径和活塞的各种缸数的产品，功率较小用 6 缸、8 缸直列或 8 缸 V 型，功率较大用 12、16、18 和 20 缸 V 型，其中以 12、16 缸的产品最为常见。

2. 传动装置

传动装置是为使柴油机的功率传到动轴上能符合机车牵引要求而在两者之间设置的媒介装置。柴油机扭矩－转速特性和机车牵引力－速度特性完全不同，不能用柴油机来直接驱动机车动轮；柴油机有一个最低转速，低于这个转速就不能工作，无法启动机车；柴油机功率基本上与转速成正比，只有在最高转速下才能达到最大功率值，而机车运行的速度经常变化，使柴油机功率得不到充分利用；柴油机不能逆转，机车也就无法换向，所以，内燃机车必须加装传动装置来满足机车牵引要求。

常用的传动方式有机械传动、液力传动和电力传动。

液力传动装置由液力传动箱、车轴齿轮箱、万向轴等组成。液力变扭器（又称变矩器）是液力传动机车最重要的传动元件，由泵轮、涡轮、导向轮组成。泵轮和柴油机曲轴相连，泵轮叶片带动工作液体使其获得能量，并在涡轮叶片流道内流动将能量传给涡轮叶片，由涡轮轴输出机械能做功，通过万向轴、车轴齿轮箱将柴油机功率传给机车动轮；工作液体从涡轮叶片流出后，经导向轮叶片的引导，又重新返回泵轮。液力传动机车操纵简单、可靠，特别适用于多风沙和多雨的地区使用。

电力传动分为3种：① 直流电力传动装置，牵引发电机和电动机均为直流电机，发动机带动直流牵引发电机，将直流电直接供各牵引直流电动机，驱动机车动轮；② 交—直流电力传动装置，发动机带动三相交流同步发电机，发出的三相交流电经过大功率半导体整流装置变为直流电，供给直流牵引电动机驱动机车动轮；③ 交—直—交流电力传动装置，发动机带动三相同步交流牵引发电机，发出的交流电通过整流器到达直流中间回路，中间回路中恒定的直流电压通过逆变器调节其振幅和频率，再将直流电逆变成三相变频调压交流电压，并供给三相异步牵引电动机驱动机车动轮。目前，电力传动机车的应用最为广泛。

3. 车体及转向架

（1）车架是机车的骨干，是安装动力装置、车体、弹簧装置的基础。车架为一矩形钢结构，由中梁、侧梁、枕梁、横梁等主要部分组成，上面安装有柴油机、传动装置、辅助装置和车体（包括司机室），下面由两个转向架支撑并与车架相连，车架中梁前后两端的中下部装设车钩、缓冲装置。车架承受荷载最大，并传递牵引力使列车运行，因此，车架必须有足够的强度和刚度。

（2）车体是车架上部的外壳，起保护机车上的人员和机器设备不受风、沙、雨雪的侵袭和防寒作用。按其承受载荷情况，分为整体承载式车体和非整体承载式车体；按其外形分为罩式车体和棚式车体。

（3）转向架是机车的走行装置，又称台车。其由构架、旁承、轴箱、轮对、车轴齿轮箱（电力传动时包括牵引电动机）、弹簧、减振器、均衡梁，以及连结装置、基础制动装置等主要部件组成。其作用是承载车架及其上面装置的重量，传递牵引力，帮助机车平衡运行和顺利通过曲线。

4. 辅助装置

辅助装置是保证柴油机、传动装置、走行部、制动装置和控制调节设备等正常工作的装置。其主要设备包括：燃油系统——给柴油机供应燃油的设备及管路系统；冷却系统——保证柴油机和液力传动装置能够正常工作的冷却设备和管路系统；机油管路系统——给柴油机正常润滑的设备及管路系统；空气滤清器——过滤空气中的灰尘等脏物的装置；压缩空气系统——向列车的空气制动装置、砂箱、空气笛及其他设备供应压缩空气的系统；辅助电气设备——蓄电池组、直流辅助发电机、柴油机起动电机等。

5. 控制设备

控制机车速度、行驶方向和停车的设备，主要由机车速度控制器、换向控制器、自动控制阀和辅助制动阀等构成。操纵台上的监视表和警告信号装置有：空气压力表、水压力表、油压力表，主要部位温度表，电流表，电压表，主要部位超温、超压或压力不足等音响和显示警告信号设备。为了保证安全，便于操作，内燃机车上还装设有机车信号和自动停车装置。

DF_{11G} 型内燃机车总体布置如图 2－43 所示。

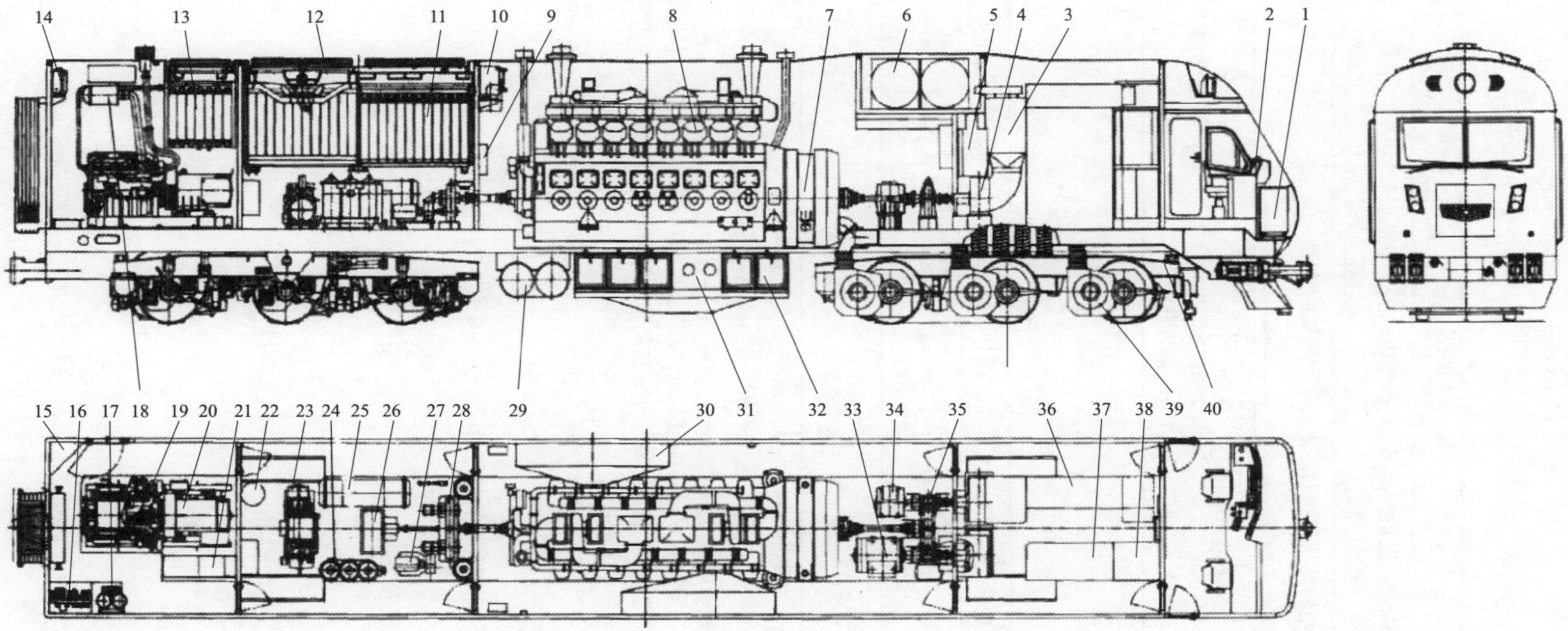

1—空调器；2—操纵台；3—主整流柜；4—前通风机；5—微机柜；6—电阻制动装置；7—主发电机；8—柴油机；9—测量仪表；10—膨胀水箱；11—散热器；12—冷却风扇；13—辅助冷却装置；14—辅助膨胀水箱；15—手制动装置；16—制动阀类安装箱；17—空气干燥器；18—辅助空滤器；19—辅助柴油机；20—辅助发电机；21—供电蓄电池；22—灭火装置；23—螺杆型空气压缩机组；24—机油滤清器；25—机油热交换器；26—后通风机；27—起动机油泵；28—后变速箱；29—总风缸；30—空气滤清器；31—承载式燃油箱；32—蓄电池；33—起动发电机；34—励磁机；35—前变速箱；36—低压电器柜；37—高压电器柜；38—供电控制柜；39—牵引电动机；40—转向架。

图 2－43　DF_{11G}型内燃机车总体布置

任务实施

时间	任务	实施	说明
20 min	子任务 1　说明内燃机车的工作原理	内燃机车的工作原理：________	
20 min	子任务 2　对内燃机车进行分类	内燃机车的分类：________________	
20 min	子任务 3　看图识别内燃机车部件	1. 转向架 2. 牵引电机 3. 蓄电池	按内燃机车布局图识别部件

任务评价

类型	评价标准（打√）	加、减分项（列举）	创新点（列举）
自我评价	A：□B：□C：□D：□	加分项：________ 减分项：________	
小组评价	A：□B：□C：□D：□	加分项：________ 减分项：________	

填表说明：A：85～100 分；B：70～84 分；C：60～69 分；D：＜60 分。

加分项：在原有课程资源基础上，能拓展出新的知识与技能，能升华出劳动光荣、敬业精神、爱国主义、奉献社会、工匠精神、创新创业等意识。

减分项：比对教师的参考答案和其他组的结论，对部分知识点和基本技能的掌握有缺失。

创新点：在学习方法、学习技能、知识拓展、思维创新等方面有具体突破。

任务拓展

1. 了解我国及世界柴油机技术的新进展。
2. 了解大功率内燃机车及重载列车对内燃机的要求。
3. 分析内燃机车的特性及优点。

任务 2.5　内燃机车的“心脏”——内燃机

任务描述

熟悉内燃机的系统构成。

学习目标

了解内燃机的系统结构；了解典型的机车用内燃机。

全景思政

精研挚爱铸匠心

【人物】“铁路工匠”李向前

【故事】李向前是中国铁路郑州局集团有限公司洛阳机务段首席技师，洛阳机务段宝丰检修车间内燃机车钳工。1995 年，他从一所铁路中等专业学校毕业后，来到洛阳机务段宝丰检修车间，从此与内燃机车结缘。从事铁路机车检修 20 多年，他累计检修机车 5 千余台，维修、复检内燃机车 1.2 万余台，全部达到“零故障、零问题、零疏漏”的标准。由他负责的“李向前机车钳工技能大师工作室”，被授予“全国工人先锋号”称号，他也被誉为“铁路工匠”。

【点评】

人们常说，火车跑得快，全凭车头带。李向前就是机车的医生，练就了内燃机车检修“望闻问切”的绝活。

修机车，是技术活。把“趴窝”的火车修好，是一件颇有成就感的事。怎么才能样样行、样样通、样样精？李向前有着一股“找茬儿”的精神，从问题里琢磨、在过程中积累。他还有一种创新意识，先后领衔解决了数十项技术难题，一些工作方法被编入了教材。参加工作以来，李向前始终保持着劳动者的本色，作为“蓝领专家”一直亲检亲修，“在一线干活心里踏实”。一步一个脚印的努力，一点一滴的创造，以个人的无数小进步助推一个行业迈大步。咱们工人好样的，咱们技术有力量！

没有一份挚爱，怎能追求无止境的技艺。李向前因为挚爱，检修每台机车的 170 多个部件、700 多个螺丝和开口销，从来都不觉得枯燥；因为挚爱，研究检修技术始终保有“饥饿感”；因为挚爱，组织更多人学习业务，把技术传授给工友们，让一个人的技术水准变成一群人的能力水平。干一行，爱一行；爱一行，更能干好一行。每一个看似普通的岗位所结出的硕果，都来自挚爱与坚守的浇灌。

内燃机，是一种动力机械，它是通过使燃料在机器内部燃烧，并将其放出的热能直接转换为动力的热力发动机。广义上的内燃机不仅包括往复活塞式内燃机、旋转活塞式发动机和自由活塞式发动机，也包括旋转叶轮式的喷气式发动机，但通常所说的内燃机是指活塞式内燃机。活塞式内燃机以往复活塞式最为普遍。活塞式内燃机将燃料和空气混合，在其气缸内燃烧，释放出的热能使气缸内产生高温高压的燃气。燃气膨胀推动活塞做功，再通过曲柄连杆机构或其他机构将机械功输出，驱动从动机械工作。常见的内燃机有柴油机和汽油机。

一、系统机构

1. 曲柄连杆机构

曲柄连杆机构是发动机实现工作循环，完成能量转换的主要运动零件。它由机体组件、活塞连杆组件和曲轴飞轮组件等组成。在做功行程中，活塞承受燃气压力在气缸内做直线运动，通过连杆转换成曲轴的旋转运动，并从曲轴对外输出动力，而在进气、压缩和排气行程中，飞轮释放能量又把曲轴的旋转运动转化成活塞的直线运动。

2. 配气机构

配气机构如图 2-44 所示。

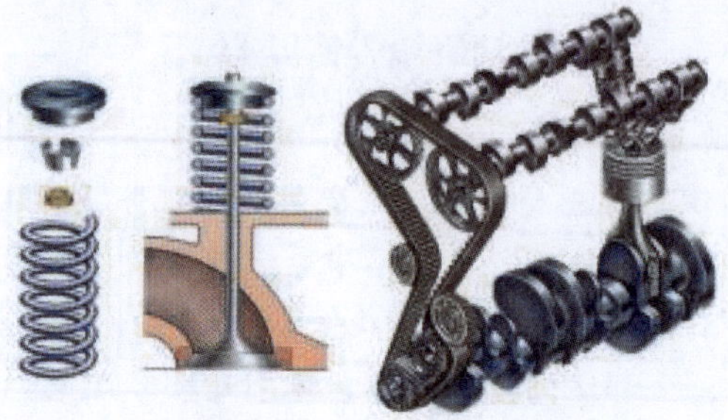

图 2-44　配气机构

配气机构的功用是根据发动机的工作顺序和工作过程，定时开启和关闭进气门和排气门，使可燃混合气或空气进入气缸，并使废气从气缸内排出，实现换气过程。配气机构大多采用顶置气门式结构，一般由气门组、气门传动组和气门驱动组组成。

3. 燃料供给系统

燃料供给系统如图 2-45 所示。

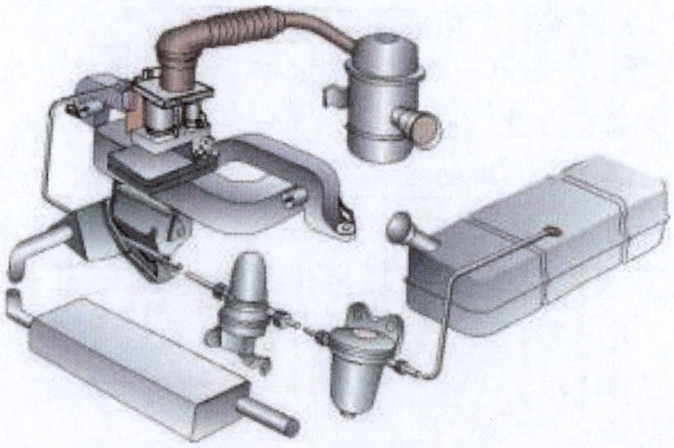

图 2-45　燃料供给系统

汽油机燃料供给系统的功用是根据发动机的要求，配制一定数量和浓度的混合气，供入气缸，并将燃烧后的废气从气缸内排到大气中；柴油机燃料供给系统的功用是把柴油和空气分别供入气缸，在燃烧室内形成混合气并燃烧，最后将燃烧后的废气排出。

4. 润滑系统

润滑系统的功用是向做相对运动的零件表面输送定量的清洁润滑油，以实现液体摩擦，减小摩擦阻力，减轻机件的磨损。并对零件表面进行清洗和冷却。润滑系统通常由润滑油道、机油泵、机油滤清器和一些阀门等组成。

5. 冷却系统

冷却系统如图 2-46 所示。

冷却系统的功用是将受热零件吸收的部分热量及时散发出去，保证发动机在最适宜的温度状态下工作。水冷发动机的冷却系统通常由冷却水套、水泵、风扇、水箱等组成。

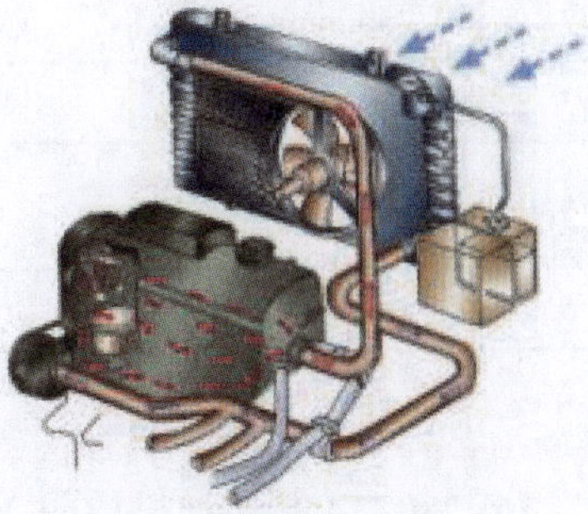

图 2-46　冷却系统

6. 点火系统

在汽油机中，气缸内的可燃混合气是靠电火花点燃的，为此在汽油机的气缸盖上装有火花塞，火花塞头部伸入燃烧室内。能够按时在火花塞电极间产生电火花的全部设备称为点火系统，点火系统通常由蓄电池、发电机、分电器、点火线圈和火花塞等组成。

7. 起动系统

要使发动机由静止状态过渡到工作状态，必须先用外力转动发动机的曲轴，使活塞做往复运动，气缸内的可燃混合气燃烧膨胀做功，推动活塞向下运动使曲轴旋转。发动机才能自行运转，工作循环才能自动进行。因此，曲轴在外力作用下开始转动到发动机开始自动地怠速运转的全过程，称为发动机的起动。完成起动过程所需的装置，称为发动机的起动系统。汽油机由两大机构和五大系统组成，即由曲柄连杆机构、配气机构、燃料供给系统、润滑系统、冷却系统、点火系统和起动系统组成；柴油机由两大机构和四大系统组成，即由曲柄连杆机构、配气机构、燃料供给系统、润滑系统、冷却系统和起动系统组成，柴油机是压燃的，不需要点火系统。

二、典型机车用内燃机

1. 和谐系列柴油机（GEVO16 型柴油机）

GEVO16 型柴油机如图 2-47 所示。

图 2-47　GEVO16 型柴油机

HXN_5 型内燃机车为中车戚墅堰机车有限公司和美国 GE 公司合作生产的一款大功率机车，而 GEVO16 型柴油机是其核心部件。GEVO16 型柴油机的技术参数如表 2－1 所示。

表 2－1 GEVO16 型柴油机的技术参数

1. 缸数：16	6. 燃油消耗率： 排放优先模式为 214 g/（kW・h）（1±3%） 燃油优先模式为 200 g/（kW・h）（1±3%）
2. 缸径：250 mm	
3. 行程：320 mm	
4. 额定功率：4 660 kW	7. 外形尺寸（$L\times B\times H$）：5 105 mm × 1 771 mm × 2 603 mm
5. 额定转速：1 050 r/min	8. 净重：24 857 kg

2. 280 系列柴油机（16V280ZJA 型柴油机）

16V280ZJA 型柴油机如图 2－48 所示。16V280ZJA 型柴油机的技术参数如表 2－2 所示。

图 2－48 16V280ZJA 型柴油机

表 2－2 16V280ZJA 型柴油机的技术参数

1. 缸数：16	5. 额定转速：1 000 r/min
2. 缸径：280 mm	6. 燃油消耗率：208 g/（kW・h）（1±3%）
3. 行程：285 mm	7. 外形尺寸（$L\times B\times H$）：4 970.5 mm × 1 725 mm × 2 898 mm
4. UIC 标定功率：3 860 kW	8. 净重：24.12 t

由中车戚墅堰机车有限公司与奥地利 AVL 公司合作开发的 16V280ZJB 型大功率柴油机装用在 DF_{8C} 型交流传动货运内燃机车上。该型柴油机的主要技术特点如下。

（1）功率大。柴油机标定功率为 4 705 kW，试验超负荷功率达 5 175 kW。该型柴油机装车功率为 4 410 kW。

（2）油耗低。试验表明，该型柴油机的燃油消耗率在 208 g/（kW・h）左右。

（3）设计技术先进。该型柴油机的设计，采用了一系列新技术、新工艺；主要零部件的设计，采用三维设计，并进行有限元计算分析，为提高柴油机的整机质量和性能提供了根本保证。

（4）运行品质好。该型柴油机在运行中，工作平稳、噪声小。

（5）电子喷射系统和机械喷油泵可在同一机体上互换安装。采用这种技术，可满足不同用户的要求，不仅可以实现低油耗，而且可以实现低排放指标。

（6）用途广泛。该型柴油机可装用在客、货运机车上。当用于货运机车时，在平道上牵引 5 000 t 列车，其平衡速度可达 95.8 km/h；当用于客运机车时，可牵引 20 辆、1 100 t 的客车，最高速度可达 160 km/h。

16V280ZJB 型柴油机在总体结构布置方面既有很好的继承性，又采用了许多新技术和新设计。

任务实施

时间	任务	实施	说明
20 min	子任务 1　叙述内燃机的工作原理	工作原理：______	结合教材进行叙述
20 min	子任务 2　简述内燃机的结构	内燃机的结构______	
20 min	子任务 3　列举典型内燃机的型号与特点	1. 和谐系列______ 2. 东风系列______	

任务评价

类型	评价标准（打√）	加、减分项（列举）	创新点（列举）
自我评价	A：□B：□C：□D：□	加分项：__________ 减分项：__________	
小组评价	A：□B：□C：□D：□	加分项：__________ 减分项：__________	

填表说明：A：85～100 分；B：70～84 分；C：60～69 分；D：＜60 分。

加分项：在原有课程资源基础上，能拓展出新的知识与技能，能升华出劳动光荣、敬业精神、爱国主义、奉献社会、工匠精神、创新创业等意识。

减分项：比对教师的参考答案和其他组的结论，对部分知识点和基本技能的掌握有缺失。

创新点：在学习方法、学习技能、知识拓展、思维创新等方面有具体突破。

任务拓展

1. 了解我国生产内燃机车的几大企业，以中车戚墅堰机车有限公司为例讨论其生产的主型内燃机车。

2. 分析改善内燃机性能的途径。

任务 2.6　“火车头”的体检之旅——铁道机车的运用与检修

任务描述

熟悉铁道机车的运用与检修制度，了解基本修程，能对相关部门的职责有所掌握。

学习目标

了解机车的段级修程与高级修程；能区分机车运用各岗位之间的职能；掌握机车检修制度与运用管理制度的具体规定，做到严格遵守规章制度。

全景思政

藏族火车司机：护航拉林铁路春运“首秀”

一束光透过列车轮对，照射在小小螺栓上。藏族火车司机斯朗旺扎，左手拿着手电筒，右手指向走行部，开始行车前的准备。他检查完机车，一跃跳进司机室。

“开关按钮确认完毕、机能试验正常、LKJ 数据核对无误……”一切准备就绪，“呜——”一声鸣笛，从林芝开往拉萨的 C882 次动车组缓缓启动。

1 月 17 日，2022 年春运正式开启。这里是藏东南地区最大的客运枢纽——海拔 3 000 米的林芝火车站，一趟林芝开往拉萨的复兴号动车组刚刚正点发车，这是拉林铁路开通后的春运“首秀”。

斯朗旺扎是中国铁路青藏集团有限公司的一名机车乘务员，他的任务是把该趟春运列车安全正点地从林芝开到拉萨。“旅客列车的操纵标准高，不仅要安全正点，还要平稳舒适，这考验着我们机车司机的技能水平，小小手柄‘千斤重’，我的岗位事关整趟列车的旅客安危。”斯朗旺扎说。

35 岁的斯朗旺扎来自西藏昌都市洛隆县，2007 年从铁路院校毕业后就加入了青藏铁路机车乘务员的队伍。

斯朗旺扎虽然年轻，但阅历却很丰富，他先后在青藏铁路西宁至格尔木段和格尔木至拉萨段、哈木铁路及拉日铁路等多条线路上担任过火车司机，长编组货运列车、普速旅客列车、快速旅客列车的值乘工作他都经历过。

“我操纵过内燃机车、电力机车、和谐型机车和复兴号动车组等 6 种车型，亲眼见证了雪域高原的路网发展，亲身感受了机车的升级换代，这几年铁路装备越来越先进了。”斯朗旺扎目光里透着自豪，担任机车乘务员 15 年来，斯朗旺扎安全行驶了 2 300 余趟，累计行程 55 万公里。成为高原铁路上少有的具备多种车型、多个区段、不同编组的值乘能力的藏族青年火车司机。

凭着一股钻劲儿，斯朗旺扎坚持用业余时间学习新车型。他向书本学业务理论，跟着老司机请教实战经验，苦练列车平稳操纵技巧，仔细琢磨每个操作细节。

因为表现出色，斯朗旺扎被选为拉萨至林芝铁路司机。2021 年 6 月 25 日，拉萨至林芝铁路开通运营，斯朗旺扎光荣地担任了拉萨站首发复兴号高原动车组的值乘任务。

接到发车指令后，斯朗旺扎鸣长笛、推手柄，以160公里的时速，驶向435公里外的西藏“世外桃源”——林芝。藏东南地区从此结束了不通火车的历史，复兴号动车组顺利开进西藏。

国家为拉林铁路量身打造了专业装备——复兴号高原内电双源动力集中动车组，该车型能够适应高原高寒、内燃和电力区段等不同运营环境。

“动力大、速度快，操纵模式随时转换，全列车供氧气，司机室有微波炉和冰箱，舒适性和智能化都很棒，同事们说我开的是‘豪车’……”斯朗旺扎自信而幽默地说。

作为拉林铁路火车司机，担任拉林铁路首个春运的值乘任务，斯朗旺扎既觉得光荣，又感到责任重大。

拉林铁路开通以来累计发送旅客41.8万人次，今年春运预计发送旅客8万余人次，主要以工作通勤、回家探亲、冬季旅游客流为主。拉林铁路在拉萨、山南、林芝3个城市之间筑起了一个3小时经济圈，受益人口131万，占西藏人口总数的38.2%，成为了一条富民兴藏的新天路。

沿着碧绿透蓝的雅鲁藏布江，C882次春运列车一路向西贴地“飞行”，3个多小时后安全抵达终点拉萨站。此刻，斯朗旺扎推开车窗，看着拍照留念的各族旅客，露出一丝微笑，内心默默许下新春和未来的愿望：“我会开好每趟车，为拉林铁路护航，等着川藏铁路修通到西藏昌都，我要开着动车回家乡……”

一、机务段及整备作业

1. 机务部门

机车的维护、检修和运用是机务部门的基本任务，机务部门要经济、合理地运用机车并认真地检修机车。铁路沿线负责机车运用和检修工作的基层生产单位是机务段。全路所有的机车分别配属于各个机务段，并由它们来组织本段所属机车的运用和检修工作，同时也负责安排机车乘务人员的工作。此外，在机车交路的折返点，还设有机务折返段，一般不配备机车和检修设备，只供机车进行整备作业并为折返前的乘务人员提供临时休息服务。

2. 机车的整备作业

机车在牵引列车或调车之前，需要进行物资供给作业并做好各项准备工作，这种物资供应和准备工作统称为机车整备作业。机车整备作业是铁路机车运行前的各项技术准备工作。机车类型不同，整备作业的内容也不一样。

1）整备作业的内容与要求

内燃机车整备作业包括擦洗机车，补足燃油，补充各种润滑油脂、工作油和柴油机冷却水，补足机车用砂，进行机车检查、给油和自检自修作业，进行机车电气全面试验及制动机系统的机能试验，进行机车无线电话、机车自动信号、自动停车装置或安全监控装置试验等内容。

电力机车整备作业包括机车外皮洗刷、补砂、给润滑油、清扫保养、机车检查和自动信号测试等内容。电力机车在折返段的整备作业，一般包括机车检查及补砂、补油等作业内容。实行长交路后，可能会在中间站到发线上补砂，补砂点应设置在机车乘务组换乘点，补砂作业以机车不摘钩为准。一般可就近设置补砂小屋，以人工方式进行补砂。

根据机车运用周转时间的要求，机车整备作业必须在规定的时间内保质保量地完成，以满足机车供应的需求。为了较好地完成机车整备作业，除了要有良好、先进的整备设备外，还必须制定一套符合现场实际、严密的组织和管理体系。机车整备作业必须按照一定的顺序进行，并尽可能地缩短机车整备作业时间。

机车整备作业的目的只有一个，即一切为了机车的正常运转。因此，在机车整备作业过程中，在采用合理的整备作业组织与机械化整备设备的前提下，力求在一个整备地点上达到最大限度的平行作业，做到作业流程顺畅，避免相互交叉干扰，达到行程短、作业快、效率高，缩短机车整备作业时间，提高机车运用效率的目的。运用网络控制管理技术做好机车整备工作，是全面质量管理的一种新尝试。网络控制能及时掌握机车的整备作业进度和质量信息，做好对机车的统筹管理，提高整备台位的通过能力，并能够充分发挥现有整备设施的效率。

2）整备作业的范围及基本程序

以电力机车为例，整备作业由地勤作业和机车乘务员作业两部分组成。电力机车整备作业的基本程序如图 2－49 所示。

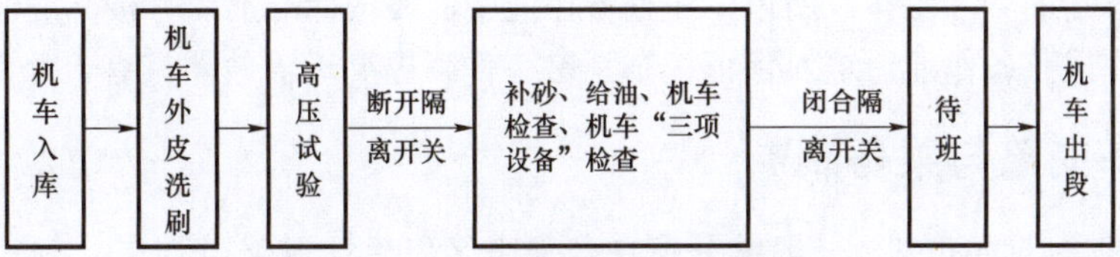

图 2－49 电力机车整备作业的基本程序

地勤整备作业范围包括：机车检查、修理，日常给油、补砂，各项机能试验及机车“三项”设备检查等。

机车乘务员整备范围包括：了解机车运用维修状态，补足润滑油脂和工作油，补砂并进行撒砂试验，对机车进行给油检查及自检自修作业，进行高、低压试验等。

（1）机车整备给油检查。

机车的日常给油检查是延长磨耗部件使用寿命的有力措施，是一项非常重要的工作，必须按照给油检查要求对重点部位进行相关检查。

（2）机车整备补砂。

机车回段后，应向砂箱补足干砂，以备运行中停车、起动、上坡及过曲线时防滑使用，这是一项不可缺少的整备作业内容。

进行机车用砂整备作业时应注意以下几点。

① 确认砂的质量和砂箱中的砂量，砂量不应少于砂箱容积的一半。装砂后应盖严扣紧，以防运行中流失和混入水及其他杂质。

② 确保机车撒砂装置作用良好，砂管的撒砂量均应调整到 2～3 kg/min。

③ 砂管距轨面高 30～55 mm，砂管距动轮踏面 15～30 mm。

④ 砂子要经过干燥处理，粒度要均匀，成分要符合规定要求。

机车用砂要能在砂管内均匀流动，避免结成砂块堵塞砂管。砂子应保持松散状态，不致黏附在砂箱壁上，砂粒过小容易从钢轨上吹掉，砂粒过大又容易从钢轨上滚落。砂粒要具有足够的硬度和强度，其中含石英量越多，硬度和强度就越大。

可用日晒或用烤砂设备烘干以达到湿砂的干燥度规定。机务段的耗砂量大小与机车类型、列车重量、交路长度、线路纵断面、气候条件及机车乘务员的操纵技术等有关。

（3）机车保养清扫。

清扫保养作业由两部分组成，即整备场所的交班乘务员清扫保养作业和机车中检及小、中修清扫保养作业。这里只介绍整备场所的交班乘务员清扫保养作业。

机车回到本段整备场（或换班地点），一般是由交班乘务员对本务机车进行清扫保养作业，为接班乘务员创造良好的工作条件。尤其是机车电机、电器的清洁是保证机车质量性能的重要因素，因此做好机车的清扫保养工作是十分重要的。

（4）机车整备作业的基本程序。

电力机车整备作业的内容较内燃机车少，故多采用平行作业方式，即机车入段后，转至整备线进行各种整备作业，然后动车驶出检查地沟等待交路出段。

机车检查项目包括：机车内部各室清扫、顶部清扫、低压试验、制动机性能试验、乘务员自检自修范围作业、走行部的检查保养、砂管保持畅通等内容。

机车整备作业是机务段日常运用工作的内容之一。整个作业过程作业量大，要求严格，也是乘务员直接参与的一项工作，所以，在整备作业中，要按标准上岗、按标准作业、按标准交班，高质量地完成整备作业，这对保证机车正常工作、提高运输效能具有十分重要的意义。

二、机车交路与乘务制

配属给各机务段的机车，一般被分配在各牵引区段里往返牵引列车，或固定在某个车站上担任调车工作。机车只要离开机务段，就必须受车站有关行车人员的调度和指挥。通俗地说，就是火车开行一段距离后需要更换机车，一台机车只在一定范围内运行。

1. 机车交路的分类

机车担当运输任务的固定周转区段，称为机车交路。机车交路的分类如下。

（1）按机车担当的牵引任务分为：客运机车交路、货运机车交路、补机机车交路、小运转机车交路。

（2）按机车运转制分为：循环运转制交路、半循环运转制交路、肩回式运转制交路，环形运转制交路。

（3）按乘务员换班方式分为：立即折返交路、外段驻班交路、中间站换班交路。

（4）按交路区段长度分为：一般机车交路和长交路。

2. 机车运转制

机车运转制也叫机车运转方式或机车周转方式，即机车在交路上担当任务，往返于机务段与折返（机务）段之间的运行方式。机车运转方式分为循环运转制机车交路、半循环运转制机车交路、肩回运转制机车交路，环形运转制机车交路。

1）循环运转制机车交路

机车担当机务段所在站相邻两个或更多牵引区段的列车牵引任务，除需要进入折返段进行技术作业或因修程需要进入机务段外，机车均在机务段所在站进行乘务员换班和整备作业，直到需要定期检修时才进入本段的机车运转方式叫循环运转制机车交路。循环运转制机车交路如图2－50所示。

2）半循环运转制机车交路

机车担当机务段所在站相邻的两个区段的列车牵引任务，除需要进入折返段进行技术整备外，机车第一次返回机务段所在站时不入段，仅进行乘务员换班作业，第二次返回机务段所在站时才入机务段进行技术整备作业的机车运转方式叫半循环运转制机车交路。半循环运转制机车交路如图 2－51 所示。

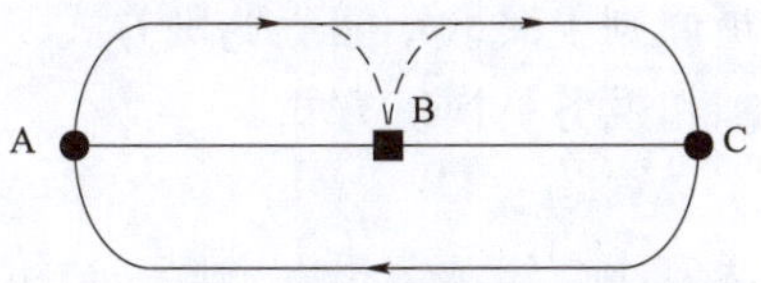

图 2－50　循环运转制机车交路

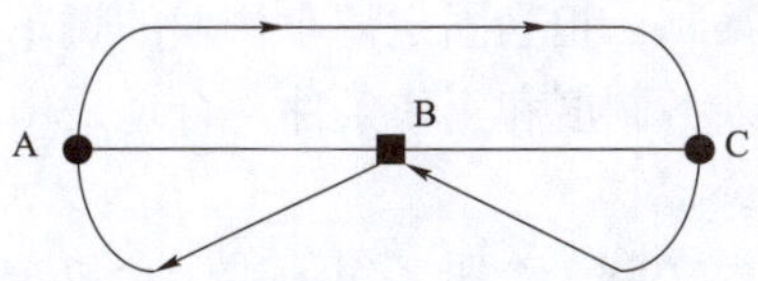

图 2－51　半循环运转制机车交路

3）肩回运转制机车交路

机车担当机务段所在站相邻两个区段的列车牵引任务，机车除在折返段整备外，每次返回机务段所在站时，都入段进行技术作业的机车运转方式叫肩回运转制机车交路。目前，肩回运转制是我国铁路上采用最多的一种机车运用方式。采用这种方式时，机车都在段内整备，但每次入段整备时间长，效率不高，同时也增加了车站的负担。肩回运转制机车交路如图 2－52 所示。

4）环形运转制机车交路

机车在牵引区段内或枢纽区段内，担当两次及两次以上往复的列车牵引任务后，再进入本段进行技术整备作业或在固定日期进入本段进行技术整备作业的机车运转方式叫环形运转制机车交路。环形运转制机车交路适用于小运转列车、城际列车、通勤列车及动车组等。环形运转制机车交路如图 2－53 所示。

机车交路按区段距离还分为一般机车交路和长交路。客运机车交路区段距离在 800 km 以上、货运机车交路区段距离在 500 km 以上的为长交路。中国国家铁路集团有限公司负责确定跨铁路局集团公司机车长交路并定期公布。

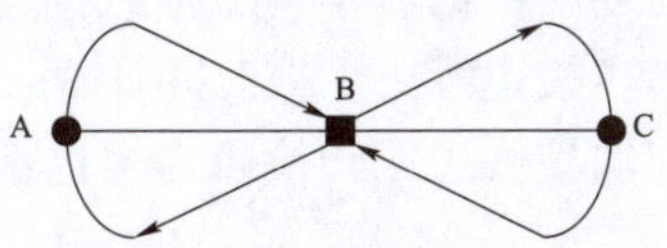

图 2－52　肩回运转制机车交路

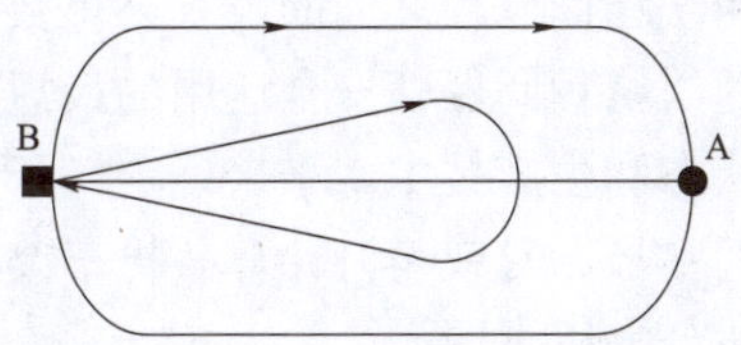

图 2－53　环形运转制机车交路

3. 机车交路的设置原则

（1）充分利用运输设备条件，根据列车编组站分工，推行“机车长交路、乘务区段化、循环运转制”的运用模式，实行机车集中配置，乘务分段担当，向同方向或多方向延伸覆盖，提高运用效率。

（2）根据路网特点和机车续行能力，科学、合理地确定机车交路，兼顾机车整备、检修能力，统筹安排机车乘务员休息和工作时间，满足运输生产需求。

（3）充分利用各类机车性能，逐步统一干线和跨线牵引定数，提高机车运用效率和运输能力。

（4）根据机务生产力发展水平，坚持近期与远期相结合的原则，不断完善和优化机车交路。

4. 机车乘务制度

机车乘务制度是机车乘务员使用机车的制度，分为轮乘制、包乘制、轮包结合制。若按值乘方式其分为标准班、单班单司机、双班单司机。

机车乘务制度的选择应符合工作时间标准和运输需要，积极推行标准班，管内具备条件的可实行单班单司机，严格控制双班单司机。干线机车实行轮乘制，调车机车、小运转机车可实行包乘制。担当固定调车作业的调车机车乘务员原则上采取小四班轮班方式。应根据机车交路、乘务制度和工作条件，合理采用机车运转制和乘务员换班方式。

1）包乘制

固定由2到3个乘务组值乘一台机车。三班包乘制由三组乘务员固定用一台机车，其优点是乘务员对自己驾驶的机车很熟悉，便于操纵和维修保养，但包乘制在机车运用和乘务员的组织工作方面较复杂，常会因安排不当或运行秩序被打乱而影响机车的运用效率。

2）轮乘制

由各个乘务组轮流值乘某台机车。机车乘务组值乘的机车是不固定的，这就可以有效地使用机车和合理安排乘务员的作息时间，以较少的机车或乘务组完成较多的运输任务。当然，该乘务制度对乘务员的驾驶技术要求更高，对机车的保养要求也更严。

三、机车检修与劳动组织

机车经过一定时期的运行以后，各部分构件都会发生磨耗、变形或损坏。为了保证机车正常工作，延长其使用期限，除机车乘务员的日常检查和保养以外，还必须对机车进行各种定期检修。我国铁路机车采用预防性的定期检修、换件修和主要零部件的专业化集中修。

机车的定期检修除大修在机车工厂进行以外，其余的检修一般都在机务段进行。因此，机务段除了设有机车的整备设备，还设有机车的检修设备。

机车两次相同修程之间的走行公里数或工作时间称为检修周期。各级检修的周期是主要零部件在两次修程间保证安全运用的最短期限。检修周期应根据机车构造特点、运行条件、实际技术状态和生产技术水平来确定。干线客货运机车多按走行公里或时间计算，调车机车一般按时间（日、月或年）计算。机车类型不同，它们的检修周期和检修内容也不一样。检修周期一般分为以下四类。

（1）大修：机车的大修是一种全面的恢复性修理，大修后的机车基本上要达到新车的水平，机车大修在工厂进行。

（2）中修：机车按段修规程全面检查修理，中等范围（主要部件）解体检修，恢复机车主要性能。

（3）小修：机车按段修规程全面检查，小范围（关键部件）解体检修，有针对性地恢复机车运行可靠性，有技术诊断条件时，可按其状态进行修理。

（4）辅修：机车按段修规程全面检查，保养清扫，做故障诊断，按状态修理。

中修、小修、辅修在机务段进行，统称段修，按照段修规程要求进行机车检修作业。

1. 机车检修工作的领导、组织管理机构

机车检修工作实行统一领导，分级管理的原则，各级管理机构及其职责如下。

中国国家铁路集团有限公司运输部负责对全路机车检修工作统一规划，综合平衡，调查研究，督促检查，总结和推广先进经验；组织制订和修改机车大修有关规章、规程；审批机车大修计划和技术改造计划。

铁路局集团公司机务部负责对全局机车检修工作进行综合平衡，督促检查，总结和推广先进经验；贯彻执行中国国家铁路集团有限公司的有关规章、命令；组织制订和修改本局有关机车检修细则和办法。制订机车中修范围、探伤范围、验收范围、配件互换范围及定量、主要部件检修工艺及限度；编制机车大修计划；审批机车中修计划。

机务段贯彻执行中国国家铁路集团有限公司、铁路局集团公司有关规章、命令；组织编制机车小、辅修的范围、限度及工艺；制订机车和主要部件的技术作业网络和有关制度；编制机车检修计划，全面实施段修任务。

大修厂贯彻执行中国国家铁路集团有限公司、铁路局集团公司有关机车规章、命令；编制机车及主要部件的大修工艺；绘制大修技术作业网络图，编写作业进度图，全面完成机车大修任务。

2. 检修车间的工作任务

检修车间是机务段负责对机车进行定期检修工作的生产车间，其基本任务如下。

（1）贯彻执行有关规章、制度、命令；按照全面质量管理的原则，抓好机车检修质量、检修时间、劳动生产率，配件材料及能源消耗等主要技术经济指标。

（2）贯彻执行按固定机车的综合性包修负责制或按机车主要部分的专业包修负责制，并根据检修任务的需要设立相应的班组，加强对生产班组的管理。

（3）在段修过程中，严格执行“四按、三化、记名修”制度，不断提高机车检修工作的程序化、文明化、机械化程度，建立健全各种修程的检修台账和记录，把记名检修落实到班组管理和岗位责任制中去。

（4）建立健全会议制度，正确指挥车间生产。检修主任（或副主任）要按时主持召开各种检修会议，传达上级命令，确定超修范围、检查生产进度，协调各有关方面的工作，并按照机车检修评定标准对每台机车的检修工作进行总结和评定。

（5）切实抓好机车检修、配件修复、段制品生产等工作，保证机车中、小修和大型互换配件检修按作业网络图进行，实现均衡生产。

（6）根据段定的职工培训计划，按生产班组的不同专业，有计划地组织检修人员学习技术，不断提高其技术水平和业务素质。

（7）加强安全生产思想教育，坚持安全生产制度，及时总结和推广安全生产经验，确保人身和设备的安全。

3. 检修车间的劳动组织

检修车间根据检修任务的需要应建立相应的工区和作业班组，使每个职工得到合理地安排使用，人人都有饱满的工作量和明确的责任，最大限度地发挥每个人的专长和技术水平，使各班组、各工种之间相互协调，密切配合，发挥最大的效率与积极性。这对于完成段修任务，提高检修质量，降低检修成本具有重要意义。

检修车间由车间办公室、备品工区、上车工区、技术组、调度室，经济组（定额组）等构成。检修车间根据检修任务的需要设立临修组、专修组、中修组、备品组等。专修是在机车检修工作中是按固定机车，实行综合性负责制的一种劳动组织形式，专修组采用定人员，定机车，定修理的办法进行机车检修工作。其基本任务是在机车上进行部件的拆装和检查，从仓库领取新的或已修复的配件，更换已磨耗到限的或损坏的零部件进行安装、调整，以及部分修理工作。专修组内设置机车钳工、电气钳工等必要的工种。实行固定机型的综合性专修负责制，以加强检修工人对所修机车及所包修的部件的责任心，从而提高检修质量和技术水平，缩短机车在修停留时间。

检修车间根据需要，还设有机床、熔焊、锻冶、木工、油漆、段制品、工具发放等辅助班组。检修车间各班组之间应分工合作，协调一致，以保证机车配件的供应和质量。目前，随着配件互换范围的扩大，机车段修工作趋向直接由各专业修理组按照专业化分工来承担。按专业分工，工人只从事一部分修理工作，分工越细，专业化程度越高，工人单项作业的技术熟练程度更易于提高，检修质量容易保证，同时，专业设备、工具的利用率也大大提高，就有可能采用比较先进的修理工艺和修理设备，对某些部件的修理还可组织流水作业。

任务实施

时间	任务	实施	说明
20 min	子任务 1　能够说出机车整备作业的基本程序	机车整备作业的基本程序：________________	以电力机车为例，说出机车整备作业的基本程序
20 min	子任务 2　能够说出机车交路与乘务制的类型	机车交路：________ 乘务制：__________	说出机车交路与乘务制的类型及各种类型的适用情况
20 min	子任务 3　能够说出机车检修的类型及检修的主要工作任务	机车检修的类型：____ 机车检修的主要工作任务：______________	以电力机车为例，说明电力机车检修的类型及电力机车检修的主要工作任务

任务评价

类型	评价标准（打 √）	加、减分项（列举）	创新点（列举）
自我评价	A：□B：□C：□D：□	加分项：________ 减分项：________	
小组评价	A：□B：□C：□D：□	加分项：________ 减分项：________	

填表说明：A：85～100 分；B：70～84 分；C：60～69 分；D：＜60 分。

加分项：在原有课程资源基础上，能拓展出新的知识与技能，能升华出劳动光荣、敬业精神、爱国主义、奉献社会、工匠精神、创新创业等意识。

减分项：比对教师的参考答案和其他组的结论，对部分知识点和基本技能的掌握有缺失。

创新点：在学习方法、学习技能、知识拓展、思维创新等方面有具体突破。

任务拓展

1. 熟悉机务段的组织构成及其与其他部门之间的衔接关系。
2. 了解机车的运用检修制度。

项目 3 认识动车组

任务 3.1 谈谈动车“大家庭”

任务描述

了解动车组在我国的发展与应用情况；了解动车组相关技术的引进、消化、吸收、再创新的过程。

学习目标

了解动车组的型号；能依据平面布置图区分各类动车组的组成；了解我国动车组技术的发展动态，提升民族自豪感。

全景思政

乘“瑞雪迎春”号，感受中国速度与冰雪激情

冬奥会开幕式和奥运赛场精彩纷呈，而连通北京、延庆、张家口三个冬奥赛区的交通，则有一道亮丽的风景线，这就是飞驰在京张高铁线路上的复兴号动车组。

【精美建筑】

京张高铁是 2022 北京冬奥会的重要配套工程，具有无数冬奥元素。沿线太子城车站站前广场的“奥运之眼”附近，即为本届冬奥会的颁奖广场。

【科技创新】

“依托京张高铁智能复兴号运营经验和先进技术，为北京冬奥会量身打造了一列新型奥运版智能复兴号动车组，实现智能化与人性化完美结合，它的名字叫‘瑞雪迎春’号。”在 2022 年 2 月 6 日的 2022 北京冬奥会新闻发布会上，中国铁路北京局集团有限公司车辆部高级工程师贾潞说。

乘“瑞雪迎春”号，能感受怎样的中国速度与冰雪激情？

无论是赛事报道、列车服务，还是列车运行和服务保障，“瑞雪迎春”号更加智能。

【工业精神】

8 号车厢设计、搭建了演播区和导播区，并提供稳定的供电电源和网络传输通道，在司机室架设了景观机位，与其他车厢内使用的游动机位相配套。“这是全球首个设置在时速 350 km 高铁列车上的 5G 超高清演播室。正式上线以来，演播室内播出的节目已传向四面八方。”贾潞说，动车组提供中文、英文广播播报及信息显示，商务座旅客智能交互终端提供高铁娱乐中心、无线投屏、车辆运行信息查询等服务。卫生间具有智能照明功能，检测到有人进入后会自动调亮灯光，检测到持续无人 30 s 后灯光能自动减弱；给水卫生系统设置回水再利用功能，可节约用水 10%左右。

乘坐“瑞雪迎春”号既快捷又安全。“车头采用模拟鹰隼和旗鱼的空气动力学头型，进一步降低了空气阻力，让运行更加节能；能够适应 −40 ℃的高寒运用环境；实现了时速 350 km 的自动驾驶。”贾潞说，列车搭载了“智慧大脑”，部署了大量传感器，构建了车载故障预测及健康管理系统，为列车安全运行提供了保证。

【诚信服务】

由中国自主设计建设的京张高铁，是世界上首条时速 350 km 智能高铁，是中国“八纵八横”高铁网京兰通道的重要组成部分。京张高铁于 2015 年 12 月开工建设，2019 年 12 月 30 日开通运营。京张高铁全长 174 km，开通以来，已累计开行列车近 8 万列，运送旅客 2 739.6 万人，形成了内蒙古东部、山西和河北北部地区快速进京客运通道，从北京到张家口只需 1 小时就能到达。

京张城际铁路有限公司董事长马侃彦介绍说，京张高铁直接服务冬奥的车站，设计均融入冬奥文化元素，例如，清河站“海纳百川”，在立面及屋面的设计上，选取冰清玉洁的亮白色作为主色调，让整个站房蜿蜒如玉带般的清河水，又似激情动感的高山雪道；太子城站的“云水无界”，建筑主体采用白色双曲线，与奥运的冰雪文化相呼应，顺滑的曲线与滑雪运动的速度与激情相契合。

“预计在整个运输服务保障期间，运送各国运动员、技术官员和持票旅客将达 20 万人。”中国铁路北京局副总经理王勇介绍。2022 年 1 月 21 日至 3 月 16 日为冬奥服务保障期，京张高铁最高每日安排开行冬奥列车 40 对，同时预备 23 对预备线，根据客流变化和冬奥运输的临时任务，实施“一日一图”。清河站至延庆站、太子城站、崇礼站的运行时间分别为 26 分钟、50 分钟、65 分钟。

一、动车组发展的基本情况

2004 年至 2010 年期间，在“引进、吸收、消化、创新”战略的引导下，铁道部和各大科研机构通过与世界高铁强国合作，实现动车组技术跨越式发展，研制出具有中外联合生产特色的和谐号 CRH 系列高速动车组，运营速度达 200～350 km/h，服务于中国国内一大批新建高速铁路。早期引进动车组的基本情况如表 3－1 所示，动车组引进吸收示意图如图 3－1 所示。

表 3－1 早期引进动车组的基本情况

型号	运营速度/（km/h）	合作方
CRH1	250	加拿大庞巴迪铁路运输设备有限公司
CRH2	350	日本川崎重工业株式会社
CRH3	350	德国西门子股份公司
CRH5	250	法国阿尔斯通公司

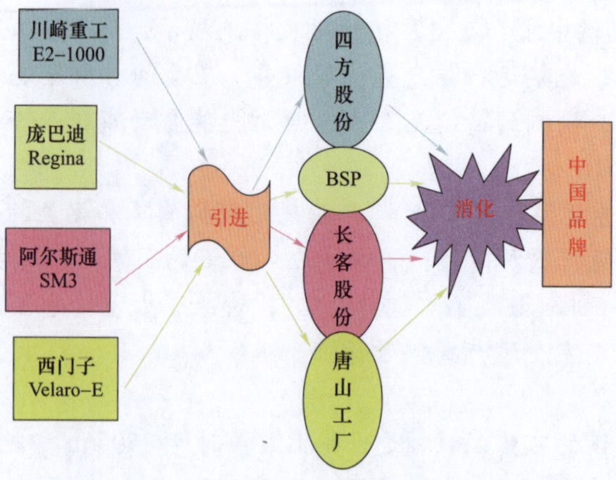

图 3-1　动车组引进吸收示意图

2010 年以后，中国逐渐掌握了具有自主知识产权的动车组技术，相继研制了新型城际动车组（CRH6）、CRH380 系列动车组（统型）、中国标准动车组（复兴号 CR 系列动车组）等多种动车组，满足多元化客运需求。

二、统型动车组

统型动车组按照统型技术条件要求进行优化设计。

旅客界面：车种、车型、定员、车门位置等统一。

操作界面：操纵台布置、乘务及机械师室功能等统一。

运用界面：车钩型式和高度、注水口及排污口等统一。

维护界面：闸片、同型号受电弓接口、润滑油等统一。

制动界面：常用和紧急制动定义及功能、救援装置等统一。

监测保护：温度监测、车门与牵引连锁、火警等统一。

以 CRH380B 统型动车组为例，该型动车组为 8 辆编组的交流传动电动车组，分为两个牵引单元，每个牵引单元又包括两个动力单元。动车组按动力配置分为 4 种不同的车型，即端车（头车和尾车）、变压器车、变流器车和中间车。CRH380B 统型动车组示意图如图 3-2 所示。

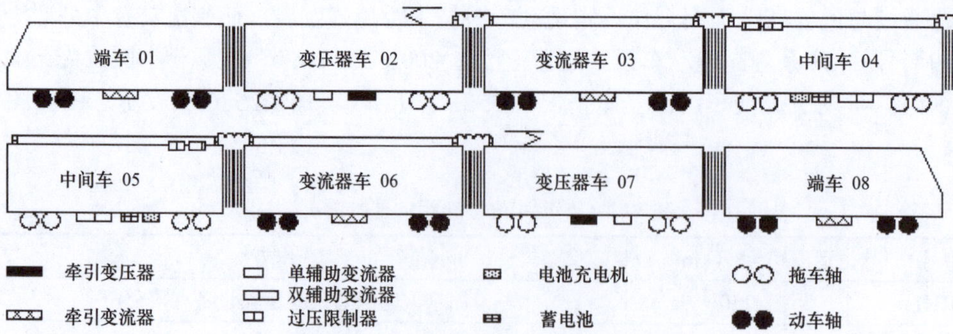

图 3-2　CRH380B 统型动车组示意图

CRH380B 统型动车组平面效果图如图 3-3 所示。

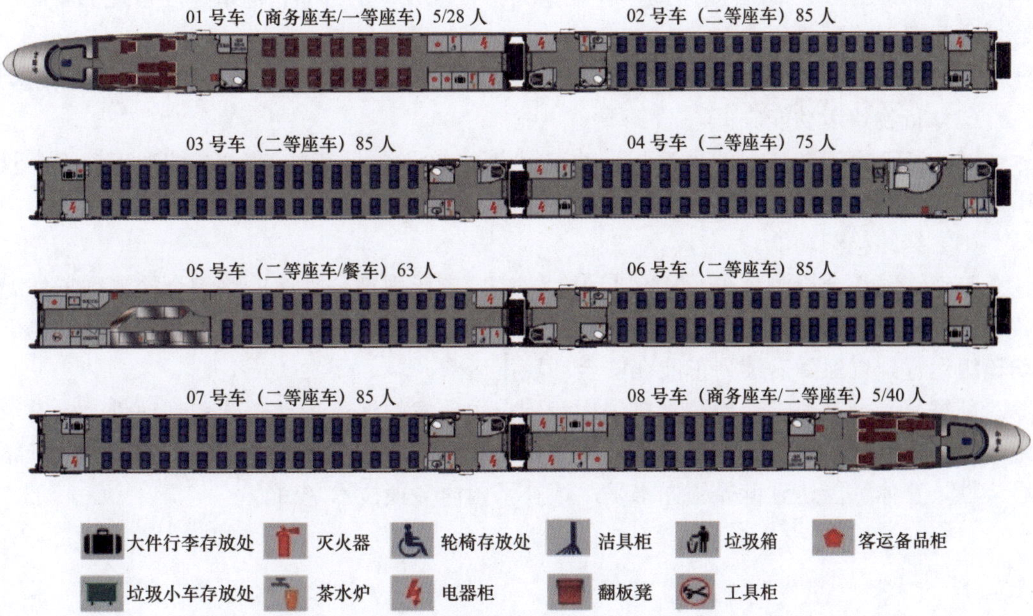

总定员：556人（商务座10 人；一等座28 人；二等座518 人）								
车号	01	02	03	04	05	06	07	08
等级	商务/一等	二等	二等	二等	二等	二等	二等	商务/二等
定员/人	5/28	85	85	75	63	85	85	5/40

图 3－3　CRH380B 统型动车组平面效果图

车体共计 5 种，包括 01/08、02/07、03/06、04、05。上述 5 种车体分为 2 大类，即中间车铝合金车体和头车铝合金车体。中间车铝合金车体由底架、车顶、侧墙、端墙及车体附件组成，头车铝合金车体由底架、车顶、侧墙、端墙、司机室车头及车体附件组成。

三、复兴号动车组

复兴号 CR400 动车组在研制先期试验时，在郑州至重庆高速铁路巴东至万州段成功实现隧道内单列时速 403 km，相对交会时速 806 km；在济南至郑州高铁濮阳至郑州段成功实现明线上单列时速 435 km，相对交会时速 870 km，创造了高铁动车组列车明线和隧道交会速度世界纪录。

中国标准动车组“复兴号”是中国自主研发、具有完全知识产权的新一代高速列车，它集成了大量现代国产高新技术，牵引、制动、网络、转向架、轮轴等关键技术实现重要突破，是中国科技创新的又一重大成果。

四、高速动车组的功能

高速动车组有三大功能：旅客捷运、货物快运、线路检测。

（1）旅客捷运功能。

① 市域动车组：结合地铁列车特性设计的快轨列车，能够快速启停，构造速度可达 100～160 km/h，适合市郊铁路或城镇带铁路运营。

② 城际动车组：融合高速列车和地铁列车特性设计的列车，构造速度可达 200 km/h，适合城市间捷运。

③ 高速动车组：构造速度达 250 km/h 以上的列车，适用于长大干线铁路远距离客运。

（2）货物快运功能。

2020 年时速 350 km 的高速货运动车组已正式下线。同时，在一些情况下铁路企业也利用高速动车组车厢部分空间运输快递货物。

（3）线路检测功能。

高速铁路综合检测列车，简称“动检车”，中国国内部分高速铁路综合检测列车外观采用黄色涂装，又名“黄医生”。动检车专门在动车组运行的线路上检测轨道系统设备，也可模拟动车组运行，以保障后续列车能在安全环境下运营。

新型复兴号高速综合检测列车采用我国自主研发的涡流制动、碳陶制动盘、永磁牵引系统、主动控制受电弓等 9 项新技术，由 4 辆动车和 4 辆拖车组成，增强了安全性、可靠性、经济性，整体性能达到世界领先水平，填补了国内多项技术空白。

任务实施

时间	任务	实施	说明
20 min	子任务 1　简述动车组的“前世今生”	CRH1：________ CRH2：________ CRH3：________ CRH5：________ CRH6：________ CRH380A________ CRH380B________ CR400AF________	
20 min	子任务 2　高速动车组的分类	1. ________ 2. ________ 3. ________	从动车的应用角度进行分类
20 min	子任务 3　了解动车组的功能		

任务评价

类型	评价标准（打 √）	加、减分项（列举）	创新点（列举）
自我评价	A：□B：□C：□D：□	加分项：________ 减分项：________	
小组评价	A：□B：□C：□D：□	加分项：________ 减分项：________	

填表说明：A：85～100 分；B：70～84 分；C：60～69 分；D：＜60 分。

加分项：在原有课程资源基础上，能拓展出新的知识与技能，能升华出劳动光荣、敬业精神、爱国主义、奉献社会、工匠精神、创新创业等意识。

减分项：比对教师的参考答案和其他组的结论，对部分知识点和基本技能的掌握有缺失。

创新点：在学习方法、学习技能、知识拓展、思维创新等方面有具体突破。

任务拓展

1. 熟悉高速动车组的发展历程。
2. 了解我国生产制造动车组的企业与动车组的型号。
3. 查阅资料，分析复兴号动车组应用的先进技术。

任务 3.2 高速动车组的“五脏六腑”——核心部件

任务描述

熟知动车组的各个组成部分，并分析各组成部分的功用与常见部件。

学习目标

了解动车组的构造；能识别动车组的各个部件，能说明各部件在动车组运行过程中的作用；把握每个部件中的最新技术，增强科技是第一生产力的认识。

全景思政

“90 后”技能尖兵用汗水书写青春

【勇于担当】

一大批从职业院校走出来的“90 后”专业技能人才，已成为各行各业创新创造的主力军。这些技能尖兵在各自岗位上挥洒汗水，书写青春。

凌晨 4 点，在南昌西动车组运用所的存车线上，正在指挥动车检修的“一级技能大师”是毕业于湖南铁道职业技术学院的“90 后”动车组机械师刘鹏。

【刻苦钻研】

工作中的刘鹏勤学好问。遇到不懂的，他一定要学懂弄通才肯罢休。为了弄懂检修工艺复杂的技术，刘鹏做了近 300 张动车组知识卡片，有空就拿出来翻看。

“每次作业，我都求师傅带我去，哪怕只做些递工具的活都行。”刘鹏说。久而久之，全车的作业流程都被他“偷学”了。

在 2016 年全国铁路动车组机械师职业技能竞赛中，他位列各项目综合排名榜首。

“动车组的平稳安全运行关系到旅客的生命，列车上哪怕是一颗螺丝钉的检修都来不得半点马虎。”作为动车组“医生”，刘鹏深知肩上的责任。

一、概述

动车组主体构造包括车体、转向架、车辆连接装置、制动装置、司机室、列车控制网络信息系统、牵引传动及控制系统、受流装置（电动车组有）、车厢内部设备和驾驶室设备等组成部分，并配置其他硬件和软件设备。

1. 车体

车体：动车组车体材质选用铝合金。

车体长度：头车为 24 260 mm；中间车为 24 175 mm。

车体宽度：3 257 mm。

车体高度（距轨面）：高顶为 3 915 mm；铝地板面为 1 020 mm；平顶为 3 660 mm。

车体重量（包括所有焊缝和焊接件）：10～11 t。

车体材料：车体上共使用了 17 种铝铸件，铸件大部分采用与车体粘接的结构，少部分与车体焊接。

以 16 辆编组为例，车体示意图如图 3－4 所示。

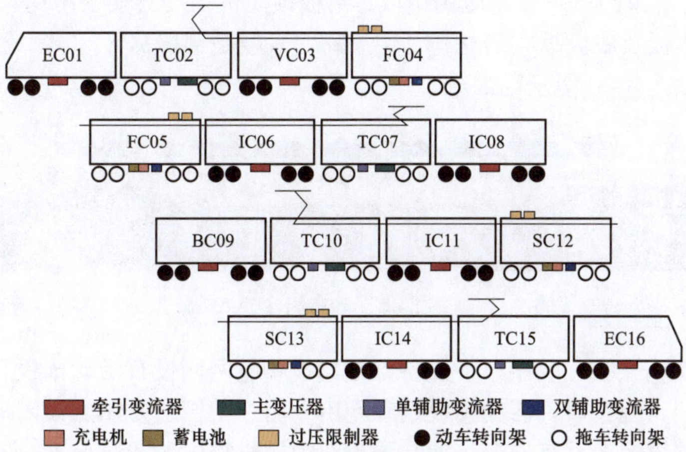

图 3－4　车体示意图

CRH380 型动车组的车体是用大型中空铝合金型材组焊而成的，为筒型整体承载结构。车体承载结构是由底架、侧墙、车顶、端墙及设备舱组成的一个整体，对于头车还设有司机室。CRH380 型动车组车体如图 3－5 所示。

图 3－5　CRH380 型动车组车体

底架：底架主要由两大部分组成，底架前端和地板。它们通过连接梁、连接板相连，连接梁为型材，连接板可以调整宽度，保证车体长度。

侧墙：在型材内侧有 T 形槽或 L 形导轨，用来安装内装件或设备。附件的生根方式有粘接、铆焊和焊接等。其铆接的吊码与侧墙之间有塑料垫板，具有减振的功能。通长的型材在端部留有小孔用以排净空腔内部的冷凝水。

车顶：CRH380 型动车组各车体车顶的共同结构是由 5 块大型中空铝型材拼焊而成。

端墙：CRH380 型动车组端墙主要由四部分组成：门框、角柱、端墙板和端墙附件。

司机室：CRH380 型动车组司机室由前墙、侧墙、顶板、端部环形框组成。侧柱与车顶弯梁对应，受力情况最好。司机室车顶的前部为了安装球面玻璃开了一个很大的开口，在开口中间加了一个矩形型材来补强，球面玻璃安装在环形安装框上，此环形框在肩带、侧墙处都有对应的立柱，从而增加了司机室球面玻璃框附近的强度。

车下设备舱：属于非承载结构形式，其作用是减小列车运行中的空气阻力和加强对车下悬挂装置的保护，增加车体外形美观效果。在进行车下设备舱的设计时，要注意保证车下悬挂装置安装、检修方便、运用可靠。

CRH380 型动车组的车下设备舱由裙板、裙板锁闭机构及其安全吊钩、底板、吊装机构、底板纵梁组成。裙板及底板纵梁的材料是铝型材，底板是铝蜂窝。

动车组车底如图 3－6 所示。

图 3－6　动车组车底

为安装、检修、操纵、观察车下设备方便，设备舱两侧设有活动裙板和固定裙板，并在其上设置各种小门、观察口。活动裙板设有使用专用三角钥匙开闭的锁闭机构，可以方便打开和关闭。在活动裙板上设有安全吊钩装置，在锁闭机构失效的情况下，安全吊钩装置可以钩住裙板防止发生事故。

在设备舱裙板上还设有必要的排风孔及电气设备的散热孔。裙板与底板纵梁之间用折页装置连接，并且每段纵梁和裙板在两端都用橡胶密封，以免灰尘等进入。

2. 转向架

高速列车转向架分动力转向架（动车转向架）和非动力转向架（拖车转向架）。两种转向架采用基本一致的结构型式。构架为 H 型焊接构架；圆锥滚子轴承单元，轴径 130 mm；转臂轴箱定位，一系悬挂是螺旋弹簧加垂向减振器；二系悬挂为带有辅助橡胶堆的空气弹簧直接支撑车体；在车体和转向架之间装有抗蛇行减振器；采用 Z 型拉杆牵引装置；转向架的轮径为 920 mm；固定轴距为 2 500 mm。由于采用结构的不同，动车转向架和拖车转向架不可互换。

1）动车转向架

动车转向架如图 3－7 所示。动车转向架主视图如图 3－8 所示。

图 3－7　动车转向架

图 3-8　动车转向架主视图

动车转向架分解图如图 3-9 所示。

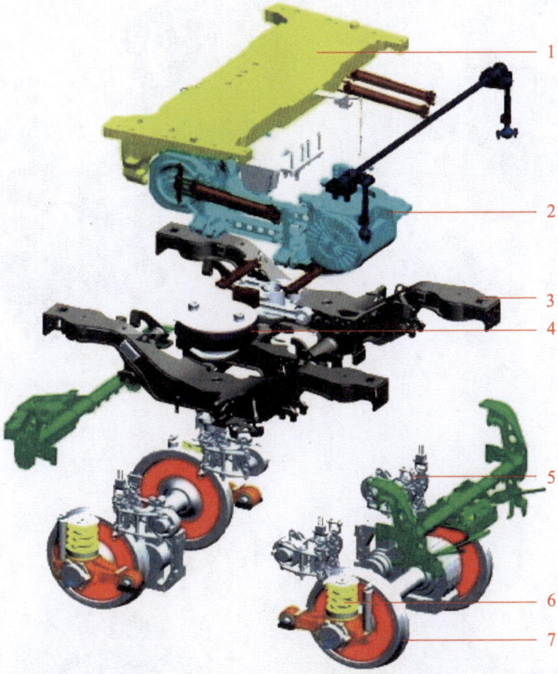

1—梁；2—牵引电机；3—构架；4—空气弹簧；5—基础制动；6—二系悬挂；7—轮对。

图 3-9　动车转向架分解图

2）轮对

为减轻重量，车轴为空心设计，每运行 10 万 km 需进行轴的超声探伤。动车和拖车转向架的车轴主要在齿轮座和制动盘座处不同。拖车转向架车轴上有用于安装制动盘的座而无安装齿轮的座。

3）构架

转向架构架为双 H 型结构，包括两个焊接成箱形截面的纵向梁，二者通过两根横梁相互连接。构架主要由钢板焊接而成。头、尾车的一位转向架配有天线支座。天线支座通过螺栓固定在转向架构架上。所有安装部件所需的托架都焊接在转向架构架上，但不会对构架产生额外或过多的应力。由于安装部件不同，动车和拖车转向架的构架不可互换。

4）牵引与电机驱动装置

转向架与车体摇枕通过中心销连接，中心销通过螺栓与摇枕固定。带橡胶复合弹簧的铸铁中心销套与中心销配合安装。

带回弹部件的牵引拉杆传递中心销套和转向架构架之间的牵引和制动力。牵引电机安装于悬挂的电机架上。安全杆用于固定电机吊架并防止其向轨道垂向移动。安全杆插入转向架构架中心横梁和电机架的座中。为使齿轮装置可垂向移动，在牵引电机和齿轮装置中间有一弹性连接器（联轴节）。

齿轮装置的一端在轴的滚动轴承中运动，另一端通过一反力杆（C 型支架）在转向架构架处悬挂。安全止挡起到当反力杆损坏时防止齿轮装置掉到轨道上的作用。

牵引与电机驱动装置如图 3－10 所示。

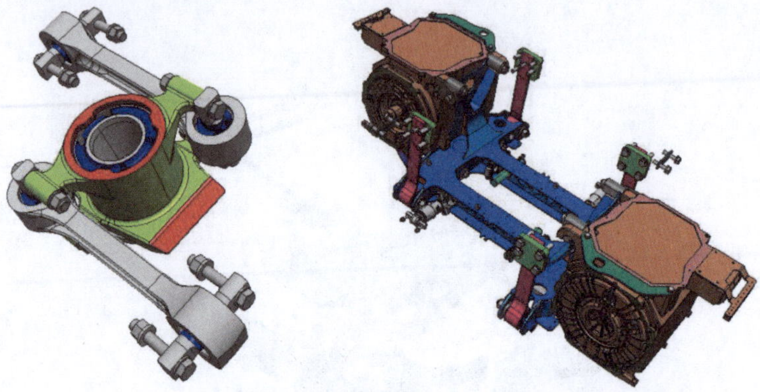

图 3－10　牵引与电机驱动装置

5）拖车转向架

拖车转向架如图 3－11 所示。

图 3－11　拖车转向架

拖车转向架基本组成与动车转向架相同，只比动车转向架少牵引电机装置。

拖车转向架分解图如图 3－12 所示。

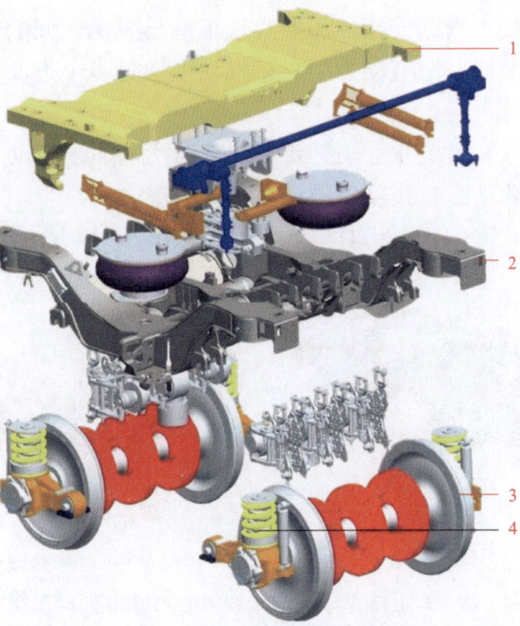

1—枕梁；2—构架；3—轮对；4—二系悬挂。

图 3 – 12　拖车转向架分解图

3. 车辆连接装置

1）组成

车辆连接装置主要由以下几个子系统组成：车钩缓冲系统、风挡系统、前端总成、电气连接。车辆连接装置如图 3 – 13 所示。

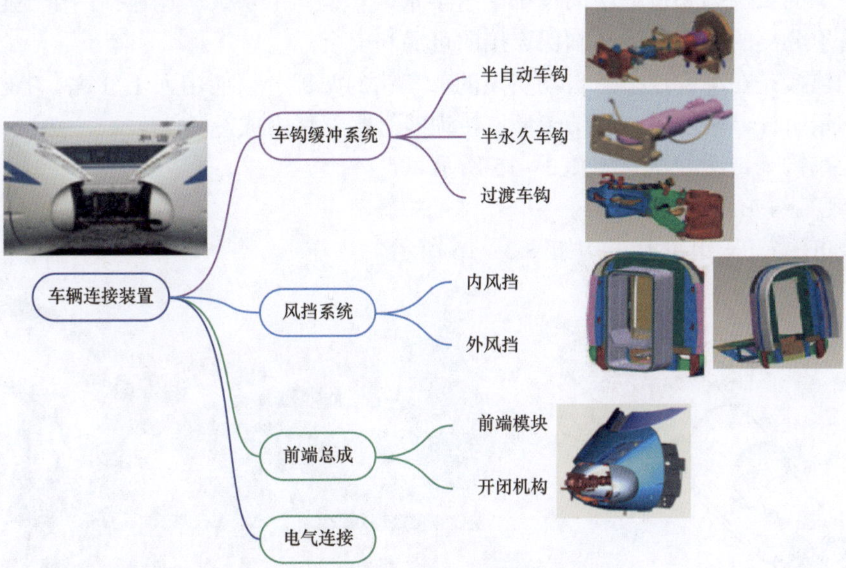

图 3 – 13　车辆连接装置

2）车辆连接的作用

车辆与车辆或车辆与机车的车端连接在车辆设计中是一个非常重要的环节，因为它不仅要实现车辆间的机械连接、气路连接，还要实现车辆与车辆之间的电气连接，涉及车辆之间作用力的传递、车辆的限界、空气动力学、车辆动力学等多个方面，此外，还要考虑为旅客提供安全、舒适的通道等。

CRH380 型动车组的车钩缓冲系统主要由动车组两端的半自动车钩和车辆间的半永久车钩，以及紧急情况下供动车组救援使用的过渡车钩组成。

CRH3 型动车组车钩与 CRH380 型动车组车钩如图 3－14 所示。

(a) CRH3 型动车组车钩　　(b) CRH380 型动车组车钩

图 3－14　CRH3 型动车组车钩与 CRH380 型动车组车钩

3）工作原理

连挂：连挂前必须伸出车钩。车辆接近时，两车钩头对准、连挂并自动完成连接，同时，风管接头自动连通。

解钩：车钩需手动解钩。车辆分离后，车钩再次处于准备连挂状态。解钩后，车钩必须缩回。

4）半永久车钩结构及作用原理

每辆头车的二位端和每辆中间车都配有半永久车钩。半永久车钩包括两个不同的部分。两部分用易于分离的卡环连接，确保连接的可靠和安全。

风管的连接是在车钩连接后自动实现的。车钩的两部分只能由人工分解。半永久车钩由风管接头、牵引杆、轴承座、联结卡环、接地线等零部件组成。

半永久车钩（带缓冲器）如图 3－15 所示。

5）过渡车钩连挂

CRH380B 型动车组过渡车钩如图 3－16 所示。

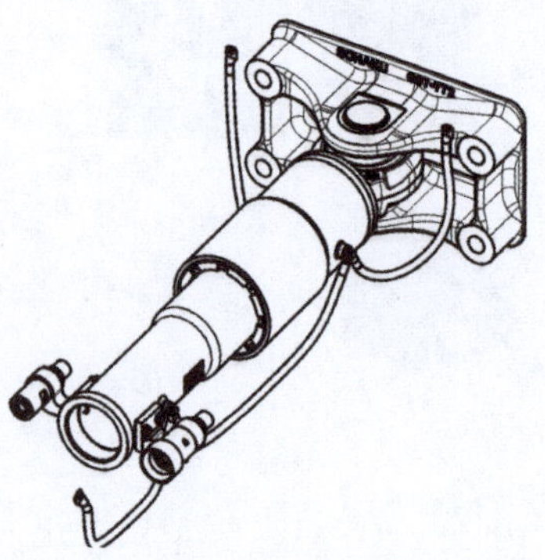

图 3－15　半永久车钩（带缓冲器）

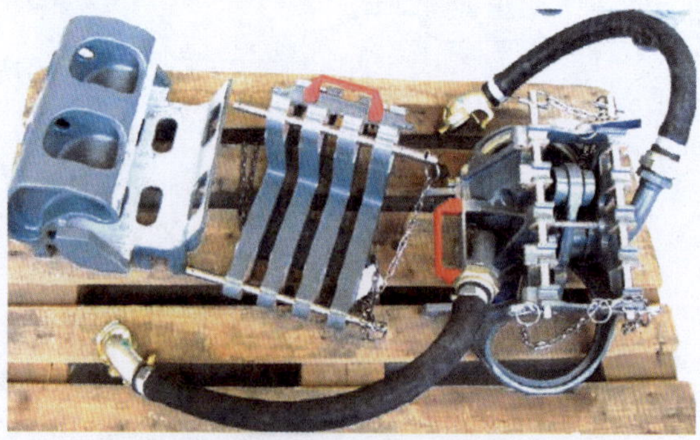

图 3－16　CRH380B 型动车组过渡车钩

过渡车钩连挂如图 3－17 所示。

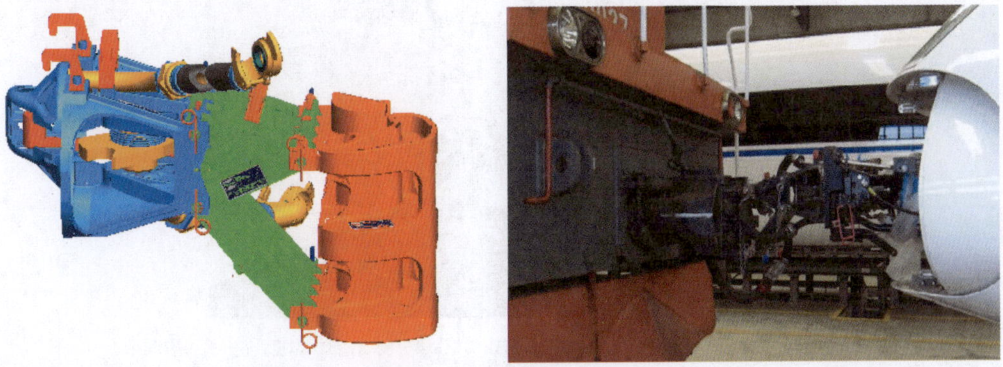

图 3－17 过渡车钩连挂

6）风挡系统

风挡是列车之间的柔性部分，可以“吸收”车辆之间的最大相对运动，并使旅客能够安全、便利地通过，同时满足列车的空气动力学及声学要求，风挡有内风挡和外风挡之分。风挡系统如图 3－18 所示。

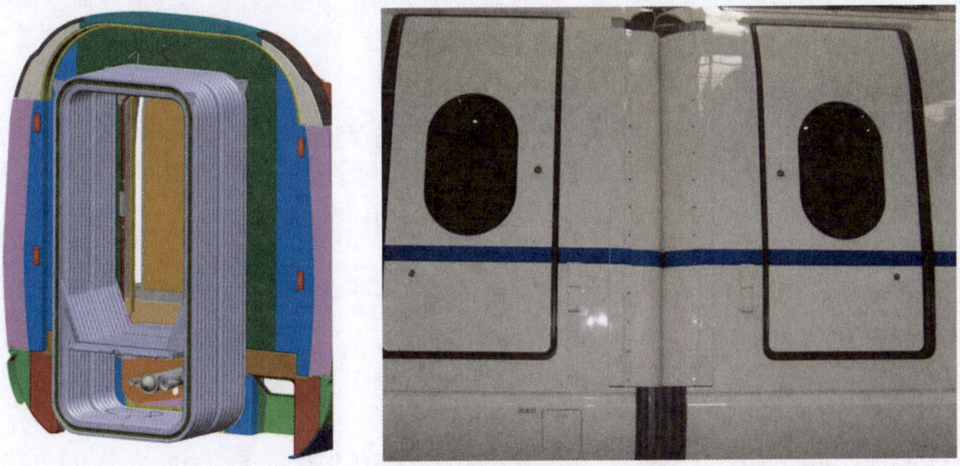

图 3－18 风挡系统

4. 制动装置

制动装置包含制动机、供风系统、控制系统、基础制动装置等，其能实现紧急制动、常用制动、停放制动等功能。

5. 司机室

司机室设计为单人驾驶模式，司机主操纵台设在中央位置；司机室的设置遵行 UIC651 标准，符合现代的人机工程学设计原则；司机室间壁采用电控雾化玻璃面板，操作位于扶手台上的开关即可实现司机室与客室的“通断”。司机室布局如图 3－19 所示。

司机室布置包括第一操作区（主操纵台）、左控制柜（左柜）和右控制柜（右柜）的布置。第一操作区（主操纵台）在司机位前方居中布置，包括经常用到的元件或驾驶列车需要的元件；右控制柜在司机的右手侧，在列车运行中需要监控、操作但不常用的控制元件布置于此，

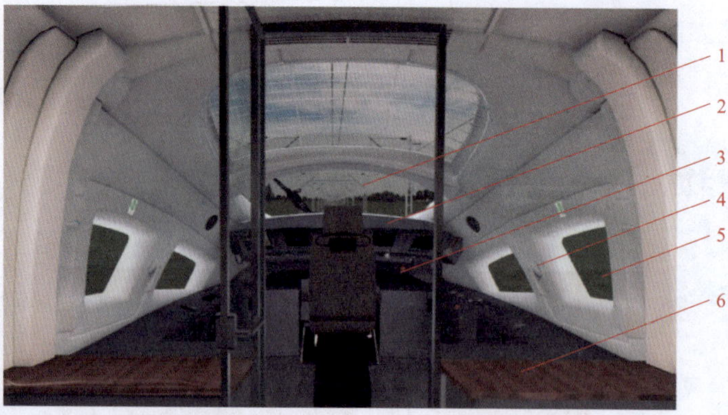

1—前窗及其附属部件；2—操纵台；3—左、右控制柜；4—侧墙；5—侧窗；6—司机室间壁。

图 3-19　司机室布局

是第二及第三操作区；左控制柜在司机的左手侧，包含灭火器、垃圾箱等设施。

1）第一操作区（主操纵台）

第一操作区（主操纵台）及左、右控制柜的机械结构采用压型铝板件焊接、铆接及螺栓连接结构；主操纵台、左控制柜和右控制柜的连接采用弹性连接，即不仅主操纵台与左、右控制柜之间采用弹性橡胶减振器连接，而且与车体之间也采用弹性橡胶减振器连接；主操纵台与车体之间通过 2 个支座连接。

2）右控制柜

右控制柜稍低于主操纵台。右控制柜布置了司机室空调的操作元件等列车行驶中需要监测和操作但是不常用的控制元件。为便于司机操作，故障面板布置在右控制柜上，雨刷系统、阀系统、风笛系统的气动元件等装置封装在右控制柜的面板内。

3）左控制柜

除灭火器、垃圾箱等设施外，左控制柜还设置了一个乘务员休息座椅。

4）司机座椅

（1）座椅箱。座椅箱中有两个抽屉，一个用来存储工具，另一个存储逃生梯，两个抽屉均有可以锁定的盖子。

（2）椅座。椅座内有一个可调气簧，在按下把手和施加使用者重力的情况下，可降低座椅的高度。座椅高度在一定范围内可调。

（3）旋转装置。旋转装置将座椅在运动方向上锁紧。司机坐在座椅内并用力向任一方向转动时，即可解除锁紧。

（4）前后倾斜调节。通过提升把手，座椅可前后倾斜 3°，松开把手后，立即自动锁紧。

（5）座椅上部调整。座椅上部高度可通过提升手柄调整。调整步进值为 10 mm。手柄松开时，它将立即自行锁紧。

（6）椅背倾斜度调整。旋转按钮（按照需要，向左或向右）可不断地调节椅背的倾斜度。松开按钮，将立即自行固定在该位置。

（7）座椅扶手倾斜度调整。通过转动蝶形螺母，可以连续地调整座椅扶手的倾斜度。

（8）座椅扶手的折叠。座椅扶手可折叠到与椅背平行的位置，并在无锁紧的情况下保持在该位置。

（9）安全头枕。通过拉出或推进即可将头枕调到合适位置，将靠背盖下的弹簧夹向前推即可解锁。

（10）可连续调节高度的提升把手。司机座椅装有气动弹簧，用来克服座椅的自重。提升把手可以解锁座椅高度调节制动装置，减轻座椅的负荷后，扳动把手以调节座椅至合适的高度；加载负荷，可以降低椅子高度。

（11）衣架。此处可以悬挂衣物。

5）司机室车窗

司机室车窗主要包括前窗、活动窗、固定窗。前窗用于瞭望，活动窗用于司机逃生，固定窗主要用于增加司机室采光率。

前窗风挡玻璃为多层结构并集成了加热膜；底梁把风挡玻璃分成上下两块，下风挡玻璃由透明的夹层玻璃组成，确保了可正确接收彩色信号；上风挡玻璃则完全着色以防止强光耀眼并防止司机室升温。

司机室前窗组成如图 3－20 所示。

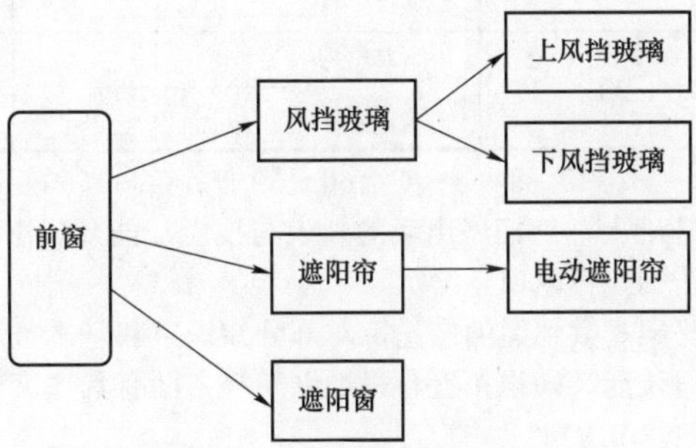

图 3－20 司机室前窗组成

任务实施

时间	任务	实施	说明
20 min	子任务 1　描述动车组车体的结构	车体结构：________	
20 min	子任务 2　描述转向架的组成	转向架的组成：________	
20 min	子任务 3　简述司机室的布置	司机室的布置：________	

任务评价

类型	评价标准（打√）	加、减分项（列举）	创新点（列举）
自我评价	A：□B：□C：□D：□	加分项：________ 减分项：________	
小组评价	A：□B：□C：□D：□	加分项：________ 减分项：________	

填表说明：A：85～100 分；B：70～84 分；C：60～69 分；D：<60 分。

加分项：在原有课程资源基础上，能拓展出新的知识与技能，能升华出劳动光荣、敬业精神、爱国主义、奉献社会、工匠精神、创新创业等意识。

减分项：比对教师的参考答案和其他组的结论，对部分知识点和基本技能的掌握有缺失。

创新点：在学习方法、学习技能、知识拓展、思维创新等方面有具体突破。

任务拓展

1. 查阅资料，了解我国高铁的发展历程。
2. 了解动车组车体新技术。

任务 3.3 动车组辅助设备

任务描述

熟知动车组辅助设备的组成，以及国内外动车组辅助系统的发展状况。

学习目标

了解动车组辅助设备的系统组成；能从图片中识别动车组辅助设备的类别。

全景思政

张华：用实力“秒杀”故障的工长

中国铁路上海局集团有限公司上海动车段调试车间工长张华于 1997 年成为一名铁路职工，2009 年进入上海动车段高级修基地，成为动车组高级修的先行者，2014 年获得全国铁路技术能手称号。

【工匠精神】

一列标准动车组有近 50 万个零部件，任何一个“器官”出问题，都会影响动车组的安全运行。这对动车组机械师提出了高要求，而张华却能在数秒内准确诊断故障。

一次，张华带着徒弟王超检修动车组，走到 1 号车厢时他停下脚步，问道：“这节车厢有什么异常？”王超将车厢内的电气设备检查了一遍，没有发现任何问题。张华说：“脚下这个部位下面是换气设备，通了高压电的换气设备出现了故障。”他们打开车下设备舱后，果然发现换气装置没有正常工作。从那以后，王超成了张华的“铁粉”。

【刻苦钻研】

1997 年 7 月，张华中专毕业，进入铁路从事普速客车电气检修工作。2009 年年底，他加入上海动车段高级修基地，随后作为技术骨干被派往动车组生产厂家学习高级修调试技术。白天，他登车顶、钻车底、进车厢，追着厂方师傅学，遇到不明白的问题就打破砂锅问到底。晚上，他翻图纸、查资料、悟原理。不到一个月，张华就走坏了一双绝缘鞋，鼻梁上架起了一副近视眼镜。也是在这段时间里，张华初步掌握了 CRH2 型动车组高级修调试技术。

回到上海后，张华几乎把所有空闲时间都用在了钻研技术上。CRH2 系列 9 种车型的近千张电气图纸、上万张配线图纸和相关技术原理，上万个电器元件的位置、功能、状态，都清晰地印刻在他的大脑里。

2013 年，在全国铁路动车组机械师职业技能竞赛中，经过理论和实作多场竞赛，张华从 96 名选手中脱颖而出，以优异成绩获得个人全能第一名。

一次，一列高速动车组在动态调试时连续报出故障代码，辅助电源装置停止工作，导致一个单元的动力丢失。技术人员排查了两个小时都没有找到故障原因。“几小时后就要交车，难道将整个装置换掉不成？”在场的人心急如焚。

“找张华！”有人提议。20分钟后，张华出现在动车组司机室。在紧张的气氛中，他沉着地分析故障代码，下载相关运行数据，查看电压、频率等检测波形，随后确定问题出在电压互感器上。更换电压互感器后，故障果然消失。

“越是精密的仪器设备，越是需要用心去捕捉、倾听设备的‘哭泣声’。”面对采访，张华说出了自己在解决急难问题时技高一筹的秘诀。

【精益求精】

2017年春运期间，一列动车组正在进行上线前的最后调试。张华发现这列动车组的主回路绝缘状态接近临界值。复查随即展开，可并未有新收获。有人当场建议：指标仍是合格的，可以放行。

要么继续扣车检查，但春运期间列车交路咬得紧，隐患一旦短时间内检查不出来，就有可能影响旅客出行；要么放行，但动车如果带病上线，途中随时可能引发动力丢失，列车在春运繁忙的线路上“趴窝”，后果不堪设想。

“原因不清楚、问题不解决，就绝不放过！”张华带领应急小组连夜彻查牵引传动系统的每根配线和每个部件。断电状态下的车厢温度已降至0 ℃以下，为了钻进钻出方便，张华脱去厚厚的棉服，手指冻僵了，就赶紧搓一搓，对着手哈口热气，再跺跺脚接着查。凌晨时分，问题终于水落石出。第二天一大早，值乘司机准点来到接车地点，连续工作了近20个小时的张华和司机办理了交接手续，内心充满了成就感和自豪感。

动车组高级修产能紧张，为高效开展自主修，从业者除了要有专业的技能和强烈的责任心之外，还要有敢于创新的勇气和本领。张华调整工作重心，摸索着开展技术创新，处处留心生活中的细节，捕捉创新灵感，开展工艺优化等攻关。

有一次，张华在逛家具店时看到一张可以自由组合的餐桌，平时可以当作家庭使用的小餐桌，有需要时也可以变成大餐桌。看着家具销售员的演示，张华灵机一动：动车组的调试检修是不是也能通过灵活组织，从而最大程度释放检修产能？回到岗位上，他立即开展调研分析，排摸出自由组合的技术瓶颈。

整列动车组一旦分解成一节一节的车厢，受网络通信和供电环路影响，无法进行带电作业，检修效率势必受到影响。他带领团队解析大量控制协议，搭建模型反复验证，重建动车组部分通信和供电网络。为了尽快研发出动车组临时网络控制系统，他一边研究梳理动车组调试检修工艺项点，一边解析车辆通信协议，组织团队编写控制程序，开发模拟指令器。

为了不和白天工作产生冲突，张华带领团队成员时常加班到午夜，3个多月下来，仅采集的数据就有64 GB。经数千次试验，技术瓶颈终于被突破。2018年，国内首个以动力单元为对象的调试检修新模式在张华团队手中问世，直接推动了行业动车组高级修的生产组织变革。面对国内专家的称赞，张华说：“检修动车就像登山，修程越往上，检修难度越大，越需要创新。”

【众志成城】

张华深知团队的力量。他常说：“在现代化的动车检修生产中，仅我一身是铁，不如人人是钉。”

2015年1月，以张华名字命名的动车技术创新工作室正式成立，重点解决“疑难杂症”、开展科技创新、帮带青年成才。在张华的“传道授业”下，“心中有章法，眼中有标准，手眼心同步”的调试理念已经深深印入班组职工的脑海中。多年来，张华通过言传身教，以师带徒的方式培养出近百名第二、第三代动车组检修人才，许多“80 后”“90 后”已成长为动车检修的中坚力量。图 3－21 为张华认真进行检修作业。

图 3－21 张华认真进行检修作业

从一个人到一群人，从一间房到一层楼。看到自己带领的团队日渐壮大、平均年龄还不到 30 岁，张华心里想：要让 12 名成员“握指成拳”干大事，首先就是要充分发掘每一名成员的特长，让他们在岗位上实现自我价值。

【团结协作】

今年 26 岁的韩晨是团队里年龄最小的成员，还是个软件发烧友，刚被选拔到工作室时对一切都跃跃欲试。张华不慌不忙，先让他跟着现场检修师傅学习。看到韩晨有些失落，张华耐心相劝：“磨刀不误砍柴工。”图 3－22 为张华与同事协同工作。

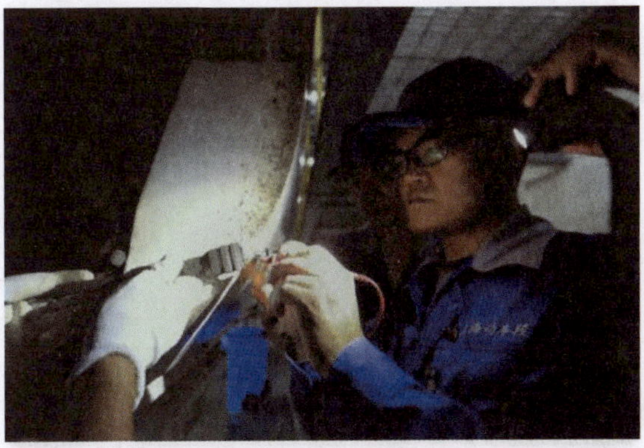

图 3－22 张华与同事协同工作

2019 年 9 月，有了现场经验的韩晨第一次负责项目攻关，解决动车组传感器离线检测问题。经过 4 个月的熬夜组装调试，他们终于完成整套设备的控制软件开发。项目演示当天，韩晨信心满满。面对 2.5%的偏差率，项目组大多数人说可以接受，而且很难再降低。

“动车组时速 300 公里，再小的偏差都不容小觑。”“华哥”言传身教，当晚把设备带回家研究。两天后，他拿来了手写的改进项点清单，涉及设备的硬件布局、电磁防护等方面。经过改进后，新设备完美达标。

动车组高级修的调试工作往往需要连夜突击，下班已是深夜。大家虽然饿着肚子，但累并快乐着。他们在小吃店里一边喝着热气腾腾的牛肉汤，一边分享着消灭故障的喜悦。站在一旁的小吃店老板投来羡慕的目光："你们这帮'小蓝人'做的事可真不简单！"

众人划桨，合力远航。在张华的带领下，团队成员拧成一股绳，研发出20余种新型工具装备，攻克37项关键技术，获得24项国家专利，构建起一套具有独立知识产权的部件检测维修体系，零差错优质调试动车组500余列。

一、动车组辅助电源系统

辅助电源系统主要由辅助变流器、充电机、蓄电池等组成。16辆编组列车的车载电源分为两部分。在每8辆车上有一个完整的车载电源系统。

辅助供电系统采用列车干线供电方式，由分散布置在若干车辆上的各辅助电源设备向干线供电。

二、动车组空调系统

1. 空调系统的部件

空调系统部件分布如图3-23所示。

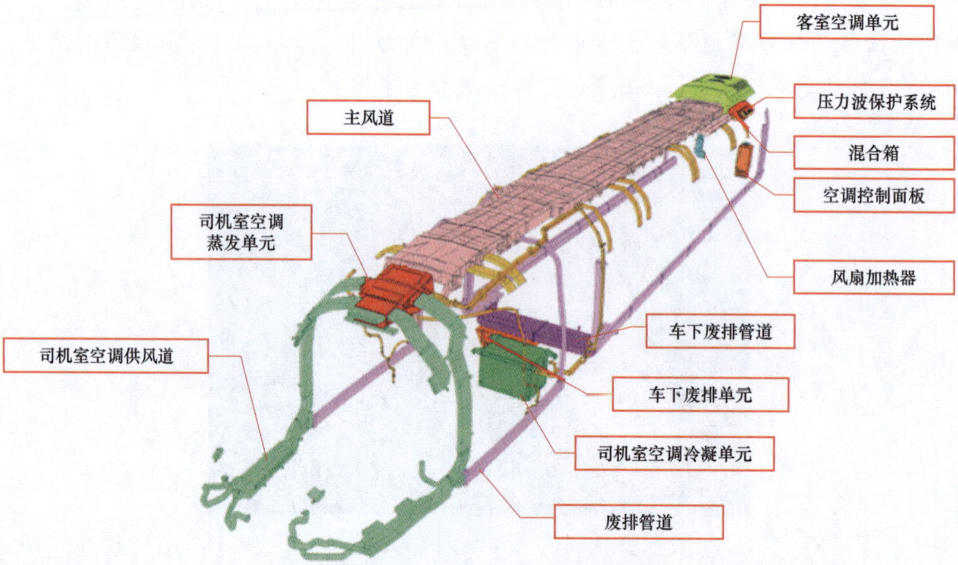

图3-23 空调系统部件分布

新鲜空气经过外部两个新鲜空气栅格进入，每个空气栅格在车体两侧。回风主要通过位于空调机组后部的走廊天花板的空气栅格。回风和新鲜空气在两个混合箱中混合，这两个混合箱位于新鲜空气栅格和HVAC单元侧面之间。混合空气由两边进入HVAC单元，在内部通过蒸发器盘管和电加热器处理，制冷剂气体膨胀制冷或经过电阻式加热器加热。客车空调如图3-24所示。

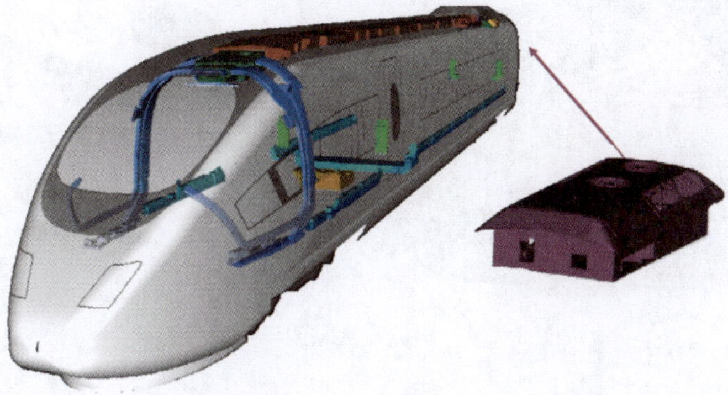

图 3-24 客车空调

经过供气管系进入旅客车厢的已处理空气会受到控制。废排空气通过底框的排气装置排出。门廊的风扇加热器为相关区域供暖。系统调节由位于门廊电柜的电子控制器执行。控制器读取多个传感器的信息，决定不同部件的运行方案。最后，系统装备有两个压力波传感器，安置在尾车车身壁两边，每一列车共设置四个传感器。传感器激活关闭/打开排气装置和新鲜空气格的阻尼器的信号，以便在进入隧道时，防止压力波动。

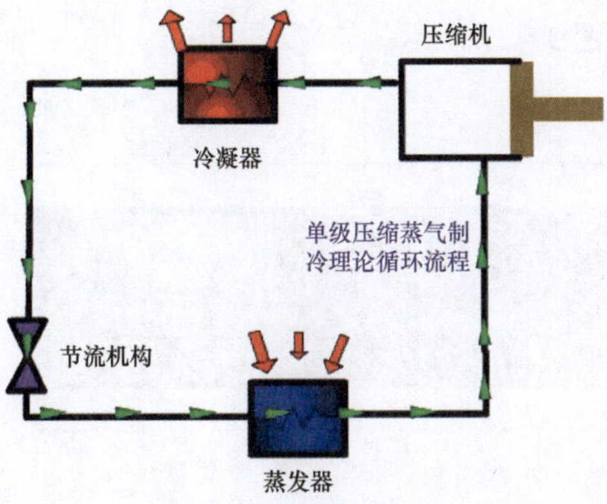

图 3-25 制冷原理

2. 制冷原理

制冷原理如图 3-25 所示。

3. 制冷系统部件

压缩机：压缩机将从蒸发器来的低温、低压的制冷剂气体压缩成高温、高压的制冷剂气体；冷凝器风扇将空气送入冷凝器，使冷凝器的表面得到很好的散热。

冷凝器：从压缩机出来的高温、高压的制冷剂气体进入冷凝器，制冷剂气体的温度比环境温度高很多，通过冷凝器的翅片温度降低，气体在冷凝器内部得到冷凝。

干燥过滤器：干燥过滤器能过滤固体颗粒（灰尘、铁锈和焊渣等）。

4. 制冷系统控制元件

制冷系统控制元件包括低压和高压安全压力关断开关和高低压力传感器。当高压压力高于设定值和低压压力低于设定值时，压力开关动作。这种方式确保压缩机在安全的模式下运行，当压力在正常值范围之内时，开关处于打开状态，此时将开关状态传递给微处理器，从而能确保系统在控制中运行。

5. 司机室空调装置

司机室空调装置单独设计。

司机室供风道与空调装置如图 3-26 所示。

图 3-26　司机室供风道与空调装置

三、动车组室内设备

1. 室内设备布置

1）商务座车平面布置

车辆中部设商务座车客室，车端设服务区、电气柜、大件行李台、VIP 厕所、空调控制柜、开水炉、垃圾箱及灭火器。商务座车平面布置如图 3-27 所示。

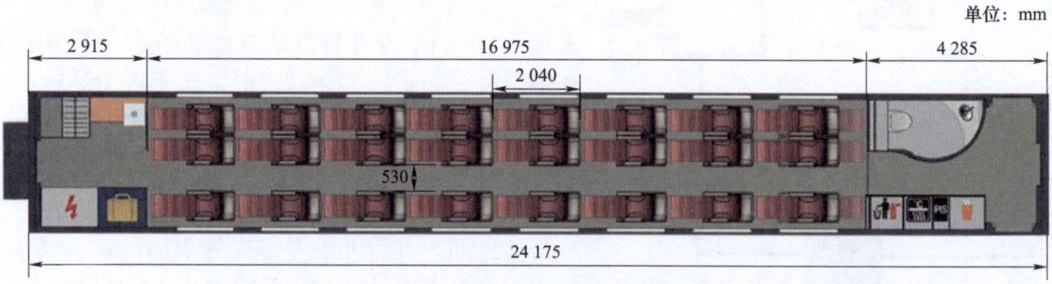

图 3-27　商务座车平面布置

商务座车客室布置：客室设可旋转、可躺式商务座椅，座椅按 1+2 方式布置，过道间距为 530 mm，座椅上设置个人视频、音频系统、笔记本计算机专用插座，座椅上方设行李架。侧墙采用整体单元式结构，窗口下方设纵向木纹色带，地面铺装地毯。商务座车内部如图 3-28 所示。

图 3-28　商务座车内部

2）一等座车平面布置

车辆中部设一等客室。车端设电气柜、大件行李台、标准厕所、空调控制柜、茶水炉、垃圾箱及灭火器。

座椅按 2+2 方式布置，座椅上设笔记本计算机专用插座。车内设行李架，车顶部设公共视频音频娱乐系统。一等座车平面布置如图 3－29 所示。

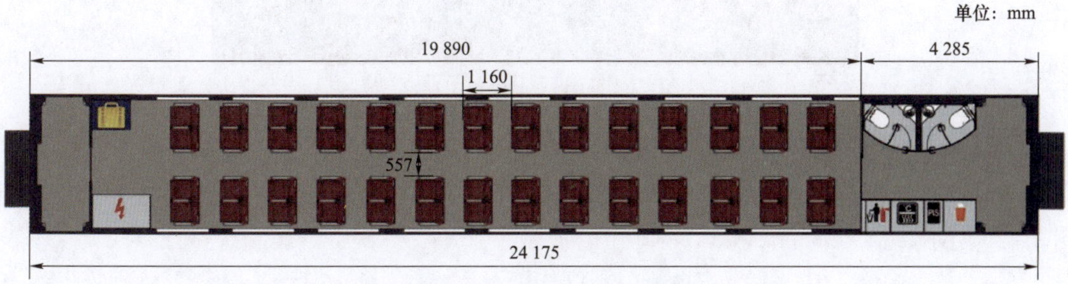

图 3－29　一等座车平面布置

3）二等座车平面布置

车辆中部设二等客室，座椅按 3+2 排列，并设残疾人座席、行李架等设备。车端设电气柜、大件行李台、空调控制柜、茶水炉等设施。二等座平面布置如图 3－30 所示。

图 3－30　二等座车平面布置

4）餐座合造车平面布置

车辆中部设厨房及二等客室；车端设乘务员室、空调柜、储藏室、电气柜及 CCU 柜。客室内布置 38 个二等座席、10 个茶桌。餐座合造车平面布置如图 3－31 所示。

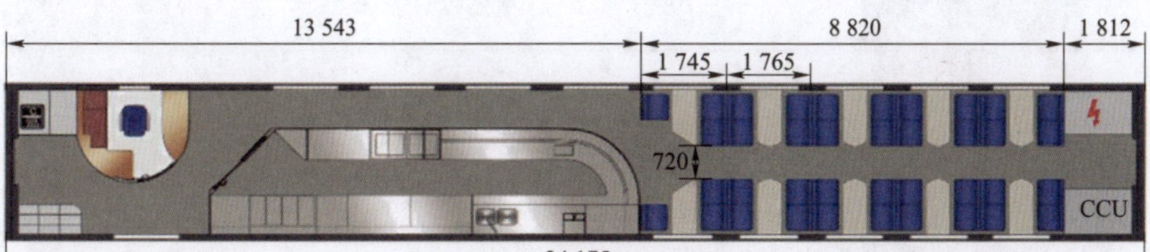

图 3－31　餐座合造车平面布置

5）VIP 包间设备布置

部分动车组设 VIP 包间。VIP 包间设 VIP 沙发、茶桌、PIS 显示器、电视、阅读灯、窗帘等设施。

VIP 包间如图 3－32 所示。

图 3-32 VIP 包间

6）VIP 观光区

部分动车组设 VIP 观光区。VIP 观光区设两个 VIP 座椅及两个 VIP 沙发。VIP 观光区如图 3-33 所示。

图 3-33 VIP 观光区

VIP 座椅由私密罩、扶手、靠背、坐垫、腿托、脚踏、茶桌、VEU 电视、阅读灯、驱动机构、座椅支架、旋转机构、MCU 控制盒、VEU 控制盒等主要部件组成。VIP 座椅三视图如图 3-34 所示。

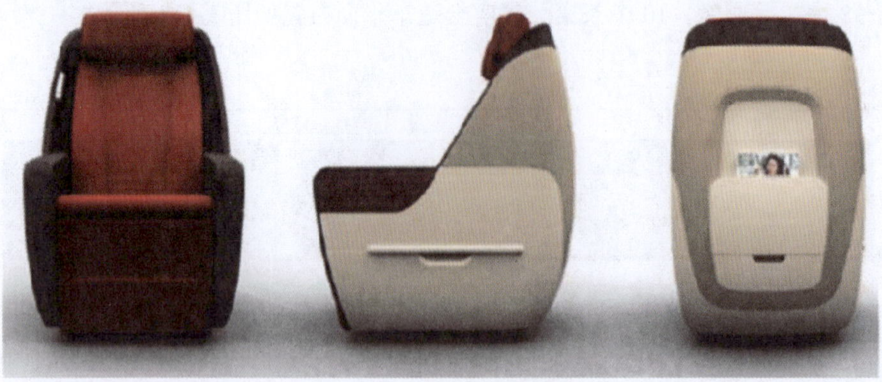

图 3-34 VIP 座椅三视图

2. 动车组室内主要设备

动车组在设计制造时大量应用模块化设计制造理念和系统集成化设计制造理念进行室内

设备的设置。室内设备主要有塞拉门、内端门、外端门、车窗、座椅、行李架等。

1）塞拉门

当列车高速运行和进出隧道时，塞拉门要承受强大的空气压力波，所以门框及其固定装置、门扇及其固定装置必须具有很高的强度和刚度。考虑到车内气压波动对旅客舒适性的影响，车门必须具有很高的气密性能。根据动车组的运行特点，车门的设计必须考虑更高的安全性要求和可靠性要求。

塞拉门主要由以下部件构成：门框、门扇、驱动机构、设备安装架（该部件集成了锁闭系统和气动系统）、传感器和门控单元等元件构成的电气系统。

塞拉门采用整体式门框，由铝型材和铸铝件拼焊而成。相对于散装门框，其安装快捷、简单，调试容易。

2）内端门

内端门系统的电机通过减速器驱动皮带轮旋转，带动齿形带运动，齿形带拖动上导轨上的滑车运行，滑车带动门扇移动，通过开关和传感器实现对门的控制。内端双开门是通过齿形带实现同步开关的，门扇为普通玻璃门扇。

3）外端门

外端门有两种：自动门和手动门。

外端门机械系统与国内常见的外端门系统原理基本相同。电机通过减速器驱动皮带轮旋转，带动齿形带运动，齿形带拖动上导轨上的滑车运行，滑车带动门扇移动，通过开关和传感器实现对门的控制。

外端门的机械和电气部分均有特殊设计。电气部分在环境温度超过预定极限时，会自动切断总电源，防止产生误动作；机械部分具有自动关门功能；玻璃门扇的玻璃采用特种防火耐高温玻璃；门扇四周设有用特殊材料制成的遇火即膨胀的密封带，起到隔绝烟雾和火焰的作用。

4）小间门

在动车组中，小间门包括乘务室门、普通卫生间门和残疾人卫生间门。这些小间门均集成在相应的乘务室、卫生间和残疾人卫生间模块中。乘务室门、普通卫生间门为转轴门。残疾人卫生间门为弧形自动拉门。

5）侧窗

动车组的侧窗是单元式气密车窗。考虑车辆速度和空气压力波的影响，车窗玻璃设计为多层粘接形式。

客室普通侧窗由中空玻璃和铝框粘接而成；逃生窗同样由中空玻璃和铝框粘接而成，但是玻璃的结构与普通车窗不同。

6）卷帘

在收紧状态时，卷帘靠回卷弹簧的作用，卷在卷轴上。当沿两侧滑槽下拉卷帘时，依靠平衡机构，卷帘可停在需要的位置。两侧同步机构用于防止帘布开卷和回卷时帘布卷歪。

7）行李架

行李架为金属框架内衬大玻璃的结构。

行李架上部利用挂钩，挂在侧墙上，下部用螺钉固定在侧墙上。安装简便快捷。

铝型材基座为大截面铝型材，设有插槽，玻璃板和灯光散射板插入插槽中，起到定位和固定作用。

铝型材前缘设有插槽，玻璃板插入其中，起到定位和固定作用。

玻璃板为弧形夹层玻璃，既美观时尚，又保证了安全。

拉杆为受力承托部件，因行李架悬臂较长，设置拉杆改善了行李架的受力条件。

3. 动车组给水卫生装置

给水卫生装置给旅客和司乘人员提供旅途的舒适和方便，是旅客和司乘人员在饮食、卫生方面不可缺少的重要装置，其由以下装置组成。

1）给水装置

16 辆编组的 CRH380 型高速动车组在 TC02/ TC07/TC10/TC15、VC03、IC06/IC08/IC11/IC14、FC04/05、SC12/SC13 设置 300 L 车上水箱，在 EC01/16 设置 200 L 车上水箱，采用车上水箱重力供水方式给卫生间、茶水炉供水（VC03 车还给二位端的 VIP 服务区的洗池单元供水）。BC09 设置 120 L 车上水箱和 700 L 车下水箱，采用车上和车下水箱模式组合供水方式，给餐车洗池和茶水炉供水。供水装置如图 3－35 所示。

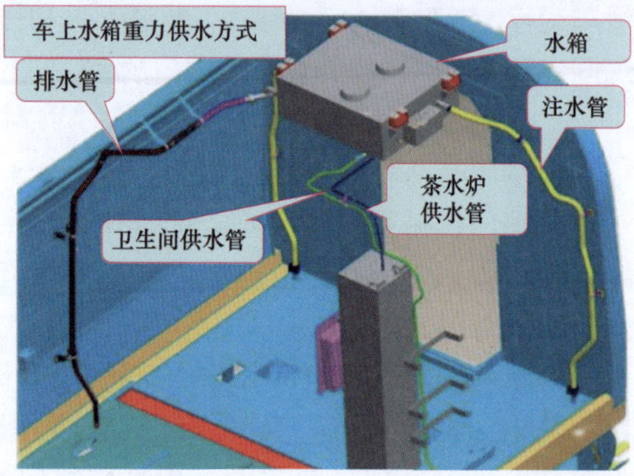

图 3－35　供水装置

（1）水箱：200 L 和 300 L 水箱具有相同的结构形式。水箱采用 2 mm 厚不锈钢板焊接而成，水箱两端设注水接口，一侧设带电磁阀的防冻排空管，另一侧设接线箱，水箱底部设供水接口和水位传感器。整个水箱外部粘结防寒材料。

（2）注水：可从车体两侧的注水口给车上水箱注水，但绝不允许在车体两侧注水口同时进行注水作业操作。另一侧注水管路在注水过程中起排气和溢水作用，避免水箱剩余压力过大，造成水箱的损坏。注水过程中，注水口旁边的带按钮开关的液位指示器能够准确反映车上水箱的水位；按下按钮，可显示水箱的液位状态。当注满水时，车体另一侧注水口开始有水流出，同时在车上主卫生间内的控制系统有净水箱充满信号。

（3）供水：在车上水箱有水，供水管路没有泄漏故障、用水设备功能正常的条件下，打开水箱下方供水管路的球阀，通过重力实现供水。

（4）排水：CRH380 型动车组为了避免涉水部件在低温环境下停放出现的冰冻危害，也出于卫生角度考虑，在用水设备或供水管路出现故障时，可进行排水操作。在主卫生间模块内的控制盘上按下自动排水按钮，可以控制水箱排水管上的电磁阀开关，打开电磁阀对净水箱进行排水；在列车无电的情况下，可以通过手动打开电磁阀手动阀柄进行排水。头车的自动排水按钮设置在电热开水器对面的设备控制盘上。在头车洗池下方可手动排水。

2）卫生装置

头车卫生间：设置在头车 EC01/16 车上，位于通过台服务区和包间之间。可供包间、VIP 观光区的旅客使用。其设计目标是为旅客提供五星级宾馆卫生设施，设有智能马桶、冷热水阀等卫生设施。头车卫生间设备如图 3－36 所示。

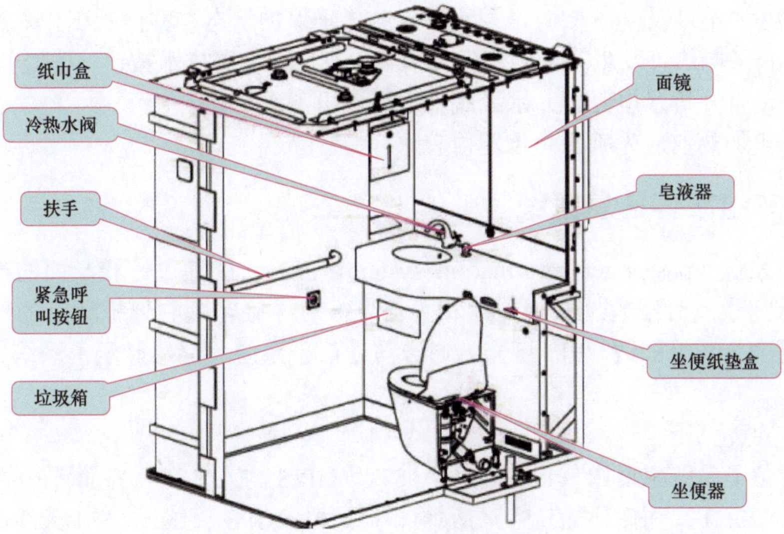

图 3－36　头车卫生间设备

标准卫生间：CRH380 型动车组在中间车上设置标准卫生间。

标准卫生间采用模块化设计。卫生间地板、墙板、洗手系统、坐便器等集成为一个模块，便于安装与调整。标准卫生间分为左右间，右间作为卫生系统的主模块（卫生系统的主控制板安装在此间里），左间作为辅间；左右间外部轮廓和内部设施完全一样，两个模块对称布置在车上。标准卫生间系统如图 3－37 所示。

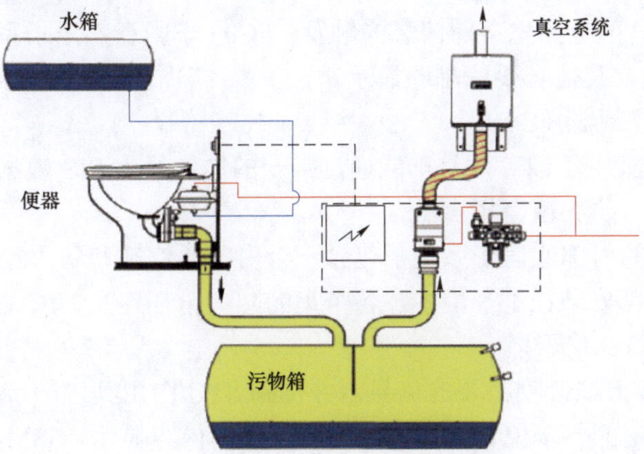

图 3－37　标准卫生间系统

3）饮水装置

16 辆编组的 CRH380 型动车组在 TC02/TC07/TC10/TC15、VC03、IC06/IC08/IC11/IC14、FC04/05、SC12/SC13、EC01/16 车的车端设置电开水器，根据安装位置不同，分为 A 型和 B 型。

A 型电开水器安装在 EC01/16、FC05 车，其检修门在炉体右侧（面向开水炉面板）；B 型电热开水器安装在其他车，其检修门在炉体左侧（面向电热开水器面板）。

电开水器具有缺水保护功能，电开水器在列车运行过程中，当机器出现故障或列车供水箱缺水时，干烧信号灯闪烁，电开水器会自动停止烧水。烧水箱和储水箱分开，生水与开水不混合。

当环境温度＜4 ℃或＞45 ℃时，茶水炉自动处于保护状态，并停止工作。茶水炉加装了除垢装置，延长了电热管及水箱的维修保养周期。茶水炉设置排水按钮，在列车到达终点后，按压按钮能自动打开排水电磁阀，水经底部管子流出茶水炉。

茶水炉通电加热前应先确保生水箱内有水。

四、动车组旅客信息系统

旅客信息系统（passenger information system，PIS），能通过比较全面的声音和视觉信息使旅客在旅途中及时准确地掌握旅途相关信息，引导旅客顺利地抵达目的地，同时使旅客在旅途中更安全、更舒适。PIS 可分为通告与通信子系统、信息显示子系统、影音娱乐子系统。

1. 通告与通信子系统

通告与通信子系统主要由 PIS 控制器（STC）、PIS 的人机交互界面（PIS－MMI）、PIS 的车辆控制器（CCT）、内部通信站、防火箱、扬声器、GPS 天线、GSM 天线、UIC 总线、PIS 数据总线等组成。

（1）PIS 控制器（STC）。

STC 是整个 PIS 的控制核心，也是 PIS 与列车控制网络连接的桥梁。

（2）PIS 的人机交互界面（PIS－MMI）。

PIS－MMI 是 PIS 与人实时交流的主要界面，它负责把 PIS 或控制网络传来的信息反映给操作人员，同时也把操作人员的要求传给 PIS 系统。其主要功能如下。

触发单动车组或重联动车组 PIS 的初始化；激活 STC 的测试程序；动车组车厢编号的输入；可选通告的触发；部分预先存储信息的触发；FC05 车影音娱乐子系统的启动；重联时初始化/配置数据的显示；其他必要信息的显示。

（3）PIS 的车辆控制器（CCT）。

动车组每节车厢都装有 CCT，且都能通过唯一的地址经由 PIS 数据总线和 STC 通信。

（4）内部通信站、防火箱、扬声器。

动车组每节车厢的内部通信子系统都包含一个内部通信站和防火箱，以及连着扬声器的 CCT，CCT 与防火箱都安装在 PIS 柜中，各个车的防火箱都连在 UIC 总线上。

（5）GPS 天线、GSM 天线。

GPS 天线、GSM 天线接收必要的信号，并传到 STC 中由其进一步处理，GPS 传输的信息保证到达或经过指定的行车位置时触发通告和可能的内容显示，GSM 可以接收数字语音通知（DVA）及广告文字信息并传输给 STC，供其处理。

（6）总线系统。

总线用于通告和内部通信。内部通信站的 LF 信号和个别的控制信号在总线上传输。

2. 信息显示子系统

信息显示子系统主要由单色 LED 信息显示器（见图 3－38）、相关通信总线、GSM 天线、GPS 天线、CCT 组成。

列车外部信息显示系统告知旅客列车的终点站和车厢号码，这些信息是用 3 行文字显示的：第 1 行显示列车号码和车厢号码；第 2 行显示起点站；第 3 行显示终点站。

列车外部信息显示如图 3－39 所示。

图 3-38 单色 LED 信息显示器

列车内部信息显示主要显示站点、时间、列车号码、车厢号码等。列车号码、车厢号码和时间用阿拉伯数字固定地显示在上面一行，其他显示信息要么静态，要么滚动，要么交替地显示。

列车内部信息显示如图 3-40 所示。

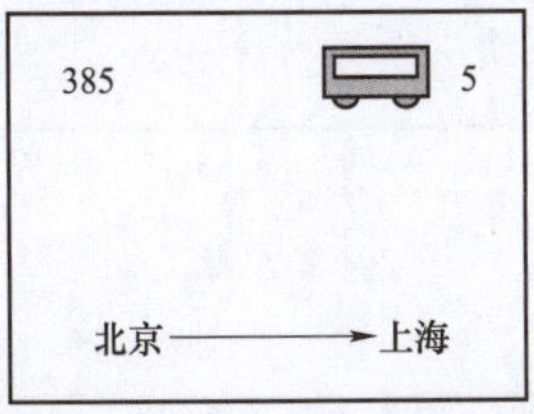

图 3-39 列车外部信息显示

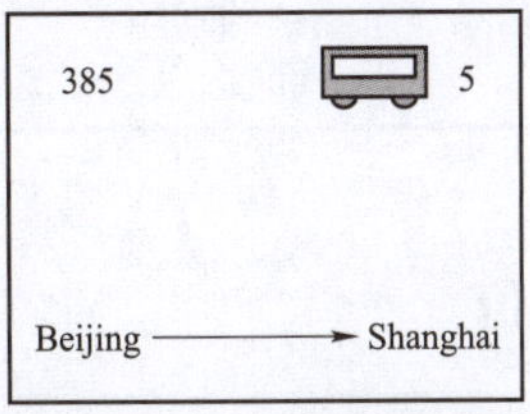

图 3-40 列车内部信息显示

3. 影音娱乐子系统

影音娱乐子系统可以进行音频或视频的播放。它可分为音频系统和视频系统。

任务实施

时间	任务	实施	说明
20 min	子任务 1　熟悉动车组空调的组成	司机室：________ 客室：________	
20 min	子任务 2　列举动车组各类门的组成	塞拉门：________ 内端门：________ 外端门：________	
20 min	子任务 3　结合实际说明旅客信息显示系统的功用	通告与通信子系统：____ 信息显示子系统：____ 影音娱乐子系统：____	

任务评价

类型	评价标准（打√）	加、减分项（列举）	创新点（列举）
自我评价	A：□B：□C：□D：□	加分项：________ 减分项：________	
小组评价	A：□B：□C：□D：□	加分项：________ 减分项：________	

填表说明：A：85～100 分；B：70～84 分；C：60～69 分；D：<60 分。

加分项：在原有课程资源基础上，能拓展出新的知识与技能，能升华出劳动光荣、敬业精神、爱国主义、奉献社会、工匠精神、创新创业等意识。

减分项：比对教师的参考答案和其他组的结论，对部分知识点和基本技能的掌握有缺失。

创新点：在学习方法、学习技能、知识拓展、思维创新等方面有具体突破。

任务拓展

1. 查阅资料，列举复兴号动车组车内的先进设备。
2. 站在旅客的角度，对新型动车组车内设备提出一些建议（如增加哪些功能？提供哪些服务？）。
3. 分小组讨论，不同运行环境对动车组功能的具体要求（如高寒地区、高热地区等）。

任务 3.4　“动车医院”探秘——走进动车运用所

任务描述

熟知动车运用所的基本情况，以及动车运用所检修设备。

学习目标

了解动车运用所的设施；把握动车运用所的检修设备。

全景思政

致敬！高铁消毒工一夜弯腰上万次

在中国铁路上海铁路局集团有限公司虹桥动车运用所内，上海华铁旅客服务有限公司防疫消毒班长李朋朋在带领班组 4 人做完了一组车体的防疫消毒后，又接到了值班员布置的新任务。

“全副武装”的李朋朋班组 4 人，一人拎一个装有防疫消毒药剂、喷壶和抹布的小红桶，从京沪停车场奔赴沪杭停车场。

白天在外奔跑一天的高铁动车组在夜间要陆续进入动车检修所进行检修保养，而防疫消毒是各环节的第一步。

“我们是车体入库后第一拨上车的工作人员，不仅为旅客、也为后续的作业人员创造安全的环境。刚才还一身是汗，现在被寒风一吹，感觉汗都成冰了。”从京沪停车场到沪杭停车场，李朋朋和同事需要坐 5 分钟的电动观光车，深夜刺骨的寒风直往脖子里钻。

上车后，李朋朋和同事首先要调配消毒药剂，安排作业区域，两个人负责车厢内消毒，一个人负责卫生间消毒，一个人负责通道、盥洗间消毒。为了实现彻底消毒、同时又不腐蚀车体，他们消毒时先用小喷壶按部位喷洒药剂，然后再拿抹布擦拭。

李朋朋和另一位同事负责的是车厢内的消毒。小桌板、座椅扶手、窗台、行李架……只要旅客可能接触的部位，他们都要喷洒消毒水，并用抹布擦拭。他们在车厢里弯腰、起身、弯腰，一排排座椅、一个个窗台、一个个行李架，“地毯式”向前推进。消毒一组 8 节车厢的车体，李朋朋要弯腰上千次，不一会儿，他们的护目镜就起了一层雾。

春运期间，李朋朋班组每夜要消毒 14 组车体，算下来，一晚上要弯腰上万次。

一、动车运用所概述

动车运用所（简称动车所）是专门对动车组列车进行检查、测试、维修和养护等作业的生产单位，属于铁路车辆检修基地的一种类型。动车运用所设置在运营动车组的铁路枢纽附近，有专用铁路支线连接铁路干线。

二、动车运用所设施

动车运用所整体分检修库区和存车场区两部分，根据我国《动车组运用检修设施建设及设备配置标准》，动车运用所应包含以下的主要设施。

1. 检修库和检修线

检修库是动车运用所内检查检修整备的重要设施，动车组的一、二级检修都是在动车检修库内进行的。一、二级检修一般不对动车组进行大规模拆解，因此检修库合并设置。检修库能力及规模须符合高铁开行动车组车种车型及数量的要求，须满足动车组检查、检修、卸污、探伤、司乘、整备等一体化作业要求。

检修库内部建有立体化的三层作业平台：轨面下 0.95 m 标高处的作业平台，进行动车组走行部和车体下方的检查、维修；轨面上 1.25 m 标高处的作业平台，进行动车组车内和侧面的检查、维修；轨面上 3.8 m 标高处的作业平台，进行动车组车顶的检查、维修。检修库配套建设边跨，其长度与检修库相同，边跨局部设置两层。检修库和检修线如图 3－41 所示。

(a) 检修库

(b) 检修线

图 3－41　检修库和检修线

2. 存车场和存车线

动车运用所存车场的主要作用是存放入所后等待检修、整备或检修、整备完成等待出所的动车组，动车组在动车运用所内的调车工作也在存车场上进行。动车运用所配套建设存车线，存车场规模和存车线的数量应根据该动车运用所的动车组配属和检修库的规模来确定，每 2 线检查库应对应设置不小于 12 条存车线，存车线的长度要满足长编组（16 辆编组）存放需求。每线存放 2 列（8 辆编组）动车组的存车线，中间须设置分割信号机，并考虑调车作业安全距离。除了普通存车线外，部分存车场线路还可以配属其他设备设施，如配备临修库的临修线、配备不落轮镟库的镟轮线、配备洗车库的机洗线、人工洗车线等，这些线路兼具了存车、检修、整备作业的功能。存车场与存车线如图 3－42 所示。

3. 临修库和不落轮镟库

动车运用所建有临修库用于进行动车组临修作业，一般设置 2 台转向架和 4 条轮对存放设施、库边运输通道，以及局部车顶平台、起重设备和转向架更换设备，临修库线的长度须满足动车组的作业需求。动车运用所还建有不落轮镟库，用于动车组镟轮，设置公铁两用车存放区和库边运输通道，不落轮镟库的面积按满足配置单轴或双轴不落轮车床来建设。为了优化动车运用所的平面布置，提高动车组检修效率，一般临修库和不落轮镟库合并建设，置于检修库或存车场的一侧。不落轮镟修如图 3－43 所示。

(a) 存车场　　(b) 存车线

图 3－42　存车场与存车线

图 3－43　不落轮镟修

4. 洗车库

动车组在入库检修前一般需要对车体进行外部清洗工作，因此需要建设洗车库。动车运用所建设的洗车库须设在进入动车运用所线路的直线段上，洗车库的建设面积及型式根据南北方气候设计，洗车库宜集中设置，相邻洗车库控制间宜集中一体化设置。洗车库由于其内部设备的布置情况，一般情况下在同时段内，一条机洗线上只允许一列动车组列车进行自动洗车作业。洗车库如图 3－44 所示。

图 3－44　洗车库

5. 轮对故障动态检测棚

动车组在进行检修前需要检测动车的轮对状态，因而在进入动车运用所前的直线段上建有轮对故障动态检测棚。检测棚前后的直线段长度不少于 75 m，若与洗车机共线设置，则与洗车机的距离不少于 450 m，其结构应满足受电弓检测装置建设要求，同时对相邻轮对故障动态检测棚和控制室要一体化建设。

6. 其他附属设施

动车运用所配属的其他附属设施主要包括检查地沟、综合管沟、平台整备设施、融冰除雪设施、二级修除尘设施、库内上水设施、空压机间、化验室等。

三、动车运用所运用检修设备

运用检修设备是动车运用所功能的核心，直接关系动车组检修质量及检修效率，动车运用所须配足配齐相关设备，其配置要满足“统一标准、统一功能、统一结构、统一型式”的要求。根据《铁路动车组运用维修规则》和《动车组运用检修设施建设及设备配置标准》，动车运用所内的运用检修设备主要包括以下四类。

（1）基础设备：每条检修线配属的立体作业平台和轨道桥、洗车库配属的洗车机、地面电源、安全监控系统、真空卸污系统、动车组管理信息系统、立体仓库的设备等。

（2）检修设备：临修库和不落轮镟库配属的不落轮镟车床、头车检修平台、转向架更换设备、公铁两用车、除尘设备、转轮器、救援用悬轮装置等。

（3）检测设备：轮对故障动态检测系统、受电弓动态检测系统、作业监控评价管理系统、动车组运行故障动态图像检测系统、移动式空心车轴探伤设备、在线移动式轮辋轮辐探伤设备、便携式空心车轴探伤设备、便携式轮对轮辋探伤仪、4.2 万 V 耐压试验设备、油样化验设备等。

（4）配属器具：便携式踏面检测器、便携式受电弓测试设备、空心轴试件轴、大功率吸尘器、手动液压搬运车等。

任务实施

时间	任务	实施	说明
20 min	子任务 1　列出动车检修的制度与场所	1. ________ 2. ________ ……	查阅资料根据修程列举动车组检修的场所
20 min	子任务 2　动车运用所都有哪些设施	1. ________ 2. ________ 3. ________ 4. ________	
20 min	子任务 3　列举动车“体检”需要的设备	1. 基础设备 2. 检修设备 3. 检测设备 4. 配属器具	

任务评价

类型	评价标准（打 √）	加、减分项（列举）	创新点（列举）
自我评价	A：□B：□C：□D：□	加分项：________ 减分项：________	
小组评价	A：□B：□C：□D：□	加分项：________ 减分项：________	

填表说明：A：85～100 分；B：70～84 分；C：60～69 分；D：＜60 分。

加分项：在原有课程资源基础上，能拓展出新的知识与技能，能升华出劳动光荣、敬业精神、爱国主义、奉献社会、工匠精神、创新创业等意识。

减分项：比对教师的参考答案和其他组的结论，对部分知识点和基本技能的掌握有缺失。

创新点：在学习方法、学习技能、知识拓展、思维创新等方面有具体突破。

任务拓展

1. 查阅资料，简述我国城际列车的特点。
2. 了解动车组的运用与检修制度。

参 考 文 献

［1］梁炜昭，黄孝亮，尚红霞. 动车组构造. 北京：北京交通大学出版社，2017.